幸福女人的心灵处方

华 业◎编著

中国长安出版社

图书在版编目（CIP）数据

幸福女人的心灵处方／华业编著 .—北京：中国长安出版社，2008.8
（心病还需心药医）
ISBN 978-7-80175-860-6

Ⅰ . 幸…　Ⅱ . 华…　Ⅲ . 女性—心理卫生—通俗读物
Ⅳ .R395.6-49

中国版本图书馆 CIP 数据核字（2008）第 132946 号
上架建议：社科类 - 励志

幸福女人的心灵处方

著者： 华业
出版： 中国长安出版社
社址： 北京市东城区北池子大街 14 号（100006）
网址： http://www.ccapress.com
邮箱： ccapress@yahoo.com.cn
发行： 中国长安出版社　全国新华书店经销
电话： 010-65281919　65270433
印刷： 天津冠豪恒胜业印刷有限公司
开本： 710 毫米 ×1000 毫米　1/16
印张： 17
字数： 230 千字
版本： 2008 年 10 月第 1 版　2019 年 3 月第 2 次印刷
印数： 1-5000 册

书号： ISBN 978-7-80175-860-6
定价： 48.00 元

前言
PREFACE

长久以来，在我们强调生理健康的同时，心理健康问题往往被忽略。随着现代生活水平的提高与心理知识的普及，心理健康问题已经被越来越多的人得到重视。尤其女性朋友在社会中、家庭中扮演着不同的角色，她们的情绪波动无常，她们压力更大，而由此引起的各种心理问题乃至身体问题也会越多。假如这些问题得不到有效控制和解决，那么，你所追求的幸福生活，无异于空中楼阁。

本书通过探究女性内心的奥秘，挖掘问题深层的根源。这是一扇通往你内心深处的窗，透过这扇窗，可以让女人们看到自己波动的情绪下涌动的暗流；让女人们找到幸福，了解自己最需要什么。

本书是在整合大量的心理学资料的基础上编撰而成，是针对女性朋友在工作，学习和日常生活存在的“心病”，进行会诊治疗的经验总结。全书分为八个部分，“心灵处方”是本书作者对女性朋友们的忠告。

目录
CONTENTS

第一章

做一个自强自立的女人

无条件地接受真实的自己

有这样一则寓言故事：一个渔夫从海里捞到一颗世所罕见的大珍珠，他欣喜若狂。可回到家里仔细一看，才发现珍珠上有一个小黑点。渔夫觉得很遗憾，他想，如果能将小黑点去掉，那就更完美了，肯定会成为无价之宝。

于是他便去找工具，着手把黑点去掉，可剥掉一层，黑点仍在，再剥一层，黑点还在，剥到最后，黑点虽然没了，珍珠也不复存在了。

其实世界就是这个样子，它并不完美，以至于我们每个人的人生也不可能十全十美。要知道，许多东西是不能改变的，当发现自己的缺点之后，重要的是坦然面对，去寻找自己的长处，以更积极的心态去面对生活。

有一个名叫琳达的女人，她今年才20岁，长相一般，外表没有丝毫的吸引人之处，在同学和朋友中间一点也不起眼。为此，她的自卑感很强，眼见同学一个个花枝招展，老觉得自己是鸡立鹤群。她有一个很固执的想法，就是生为女性，如果长得不漂亮，肯定会失去很多很多美好的东西，找工作，交男友，肯定要处处吃亏。她越是这样想，心情越是忧郁，上课时也总是无精打采的，她觉得生活对自己来说毫无值得留恋之处，于是便想跳河自杀。

刚巧，一位老者刚好路过，对她说：人有两条命，一条是属于你自己的，刚才你已经自杀捐弃了；还有一条是属于众生的，愿你加倍珍惜这一条生命。琳达听完，嫣然一笑。

老者觉得她的笑，美丽无比，于是赞美了她一番。老者说："每个人都不可能是完美的，你要看到自己的长处。你总是觉得自己不够漂亮，这不，今天你笑起来的时候，便是很好看。"

琳达一听很高兴，从此她笑脸常开，觉得生活也突然变得丰富多彩起来。后来她成了一名著名的节目主持人。

我们的生活中有太多这样的故事。因为自身某方面条件的不完美而不能正视和接受自己，很多女人都在被与琳达类似的自卑的心理困扰着。自卑的人在交往中，虽然有良好的愿望，但是总怕别人的轻视和拒绝，因而对自己没有信心，想得到别人的尊敬，但又行事过于敏感，把别人的不快归为自己的不当。有自卑感的人往往过分地自尊，为了保护自己，常表现得非常强硬，很难让人接近，在人际交往中变得格格不入。她们对自己的知识、能力、才华等做出过低的估价，进而彻底地否定自我。有自卑心理的女人，并不是她不够优秀，不够完美，而是她总在给自己制造不满意。过高地评价自己不好，同样，过于作贱自己则是对自己的一种不尊重与不负责任。做一个受人欢迎的人首先要自己正确地评价自我，接受真实的自我。人无完人，只有在正确认识自己的基础上，才可扬长避短，让自己活得美丽起来。但有人为此付出过高代价，是不值得提倡的，例如整容，结果出了医疗事故，让人追悔莫及。这些不可改变的相貌体型，我们完全可以通过其他方面的努力如学业事业的成功来得到弥补。

有句话说得很好，人比人该死，货比货该扔。我们没必要非得拿别人跟自己作比较，有些比较是可以起到激励作用的，但很多人却是起了反作用，拿自己的短处与别人的长处作比较，结果徒增了烦恼，挫败了自信心，结果把精力放在了报怨上，本来可以激流勇进，结果却被泄气的心理推回了岸边。

当你对自己的外表不满意时，不要报怨老天与父母为什么不把你生得美一点。在人的一生中，只有两件事改变不了，那就是容貌与出身，接受这些无法改变的客观条件，就要在其他方面能够出众。例如你不漂亮，但你完全可以做得优雅；你不富裕，但你可以平淡从容；在为人处事中，你豁达热情。这些已足够让你美丽起来了。

人与人之间，尤其是女人，并不是因为你长得多么漂亮人们才愿接受你，而是你的人格魅力，这种“完美”的女人足以让那些美丽花瓶自惭形秽。男人对这种女人的感情不是单纯地看着好看的，而是一种更高层次的欣赏，这也是男女之间甚至整个人际关系中，最佳的一种彼此认同的态度。

从你的人生事业角度来说，如果仅因自己身高不够一米七而做不了自己喜欢的新闻职业，那你就大错特错了。虽然一般来讲某些职业确实对人的身高容貌有要求，但是这也并不是不可改变的，退一万步讲，有这么多的职业，你为什么就非得做自己仪表没有优势的那行呢？想想那些残疾朋友，为了生存，还要学很多技能，我不敢说他们当初都喜欢这种工作，但是当后来工作体现他们价值的时候，他们便爱上了自己的工作。兴趣是可以培养的，关键是要树立正确的心态。世界并不完美，但如果你一定要完美，那你是自己跟自己过不去，跟事物客观规律作对。

如果仅仅因为自己的眼睛不是双眼皮就不敢看人；假如就因为自己的头发不够漂亮就要整日戴帽子（包括夏天）；那么你怎么打扮也不会美丽，因为你的心不再美丽，不再健康。你的生命自然没有快乐可言。

还是那句话，最重要的是正确地认识自己并且接受自己。

正如卡耐基先生所说：“发现你自己，你就是你。记住，地球上没有和你一样的人……在这个世界上，你是一种独特的存在。你只能以自己的方式绘画。你的经验、环境、遗传造就了你，不论好与坏，你只能耕耘自己的小园地；不论好与坏，你只能在生命的乐章中奏出自己的音符。”

的确如此，每个人都会既有优点，又会有缺点，有不足的地方。但我们应该懂得接受自己，欣赏自己，等我们自己有了良好的感觉后，才会乐于与人交往、沟通，自己的能力才能发挥出来，从而更加肯定自己。所以我们应该相信自己，发现自己更多的长处，更加欣赏自己。

自卑的人往往就是只看到自己的不足之处，看到别人的优点，不懂得取长补短。而在当今这个社会中，人们如果不懂得向别人展示自己，不能正确评价自己，那就很难找到生活的坐标。能够正确地评价自我，并接受自我，无论你的处境怎样，你都在走一条超越自我的路。人生中，最大的敌人不是强有力的对手，而是你自己。古语有云，攻城为下，攻心为上。同样，我们克服困难，坚持理想，可怕的不是挫折，困难并不可怕，可怕的是你的灰心丧气。一颗小草也是一个生命，我们要学会珍爱身边的一切生物，接受这个大千世界，而这一切的起点便是接受真实的自己，学会爱护自己，只有懂得爱自己的人，才可能爱别人，爱世界。

一个女人只要能正确地认识自己，并且能够给自己一个很乐观的评价，哪么她就是一缕阳光，她总会给人一种充满朝气与活力的感觉，不论她是否还年轻，无论她是否还漂亮，我们总觉得她们就是最美的那种女性。所以，我们要学会看到自己的长处，给自己打气，给自己加油，人生路上纵有不如意，相信你也不会气馁，挥洒自如。

幸福女人的心灵处方

1. 勇敢地战胜自卑

自卑情绪每个人多多少少地都有一点，生活上的不如意，工作上的不顺心，一连串的打击都很容易让人产生自卑情绪。实际上，天外有天，人外有人，大可不必以此为耻而自暴自弃，也不必觉得没有面子，这都是很正常的事情，关键是我们要正确地面对自己，纠正自己的不良情绪，战胜自卑，尤为重要。

学会正确地认识自我，才能战胜自卑。每个人都有自己的长处也都有自己的短处，我们要学会扬长避短，如果以自己的短处去比别人的长处，那是自寻烦恼。而反向思考问题，你便会发现自己的优点。给自己一些信心，好的心态是成功的第一步，我们必须客观地看问题，做事情前不防给自己一些“我能行”的鼓励。美国著名心理学家麦克斯威尔说：“人的所有行为、感情和举止，甚至才能，与其自我意向是一致的。”长时间坚持这种信念，就能培养出阿基米德“给我一个支点，我将移动地球”的那份自信。

（1）要正确地表现。心理学家建议：有自卑心理的人，不妨多做一些力所能及、把握较大的事情，这些事情即使很“小”，也不要放弃争取成功的机会。任何成功都能增强自己的自信，任何大的成功都蓄积于小的成功之中。换言之，要通过在小的成功中表现自己，确立自信心，循序渐进地克服自卑心理。

（2）要学会给自己一个合理的补偿。我们常说的盲人尤聪，聋者尤明，这是生理上的补偿，而心理也具有补偿能力。我们可以通过两种方式来克服自卑心理：一是天道酬勤，我们应该明自己的短处是什么，有什么缺陷，而付诸努力，便不会不收效的。正如华罗庚说的那样：“勤能补拙是良训，一分辛苦一分才。”二是学会扬长避短，在许多伟人的传记里，我们都可以发现其有一个其同点，那就是能正确地认识自我，并且能扬长避短，不断使自己努力趋于完善。每个人都有缺陷，这是不可避免的，关键在于我们对待缺陷的态度，摆脱自卑，逐渐成熟。

2. 从自卑中超越自我

大家都已经知道了，表现为抑郁、孤僻的自卑心理是我们生活工作中的很大障碍。如果长期被这种心理所左右，便会成为一种摆脱不掉的性格，从而影响你的生活，你的社交，使你自身的能力不能得到全面发挥。那么，我们怎样做才能摆脱这种不良心理呢？

（1）尽可能地利用环境改变自己，在交友方面尽量选择一些性格开朗、乐观、、尊重和关心别人等有优良品质的人进行交往。在交往的过程中，你会发现别人的长处，找到生活的乐趣，同时也能通过观察沟通正确地认识自我，使自己不再局限于自己的思维；众多的朋友，还可以丰富你的生活，使你的心情开朗起来，从而远离自卑，提高自信。

（2）增加成功经验。每个人的第一步都特别重要，因为成功于否与你的心态直接相挂钩，即使是一个小小的成就，也可增强你前进的信心。相反，如果是一点小小的打击，也会让你有一些不良情绪。自卑的人总是以过往的经验作为参照，而且总是看到失败，在这种心态下失败会越来越多，压抑也会越多。要学会多看到一些成功的经验，提高自信，这样方可步步向成功走近。一点一点地积累成功的经验，那么自信也就会增多，成功也就越来越多。哲学上讲，量变决定质变。由少积多，积累到一定的程度时，你就完全摆脱了自卑，取而代之的是自信。

（3）多向那些有成就的名人学习。名人书籍总会给人鼓舞的力量，名人最初也是普通人，甚至还不如你，可是他们能够把自己的梦想坚持到最后，他们的自信他们的努力足以让他们辉煌。如果你自己也多些自信，多些努力，那你的明天就将会是用鲜花铺成的。做事贵在坚持，自信坚持下来，就会成功。那自卑自然会不驱自散。

（4）学会深层冥想法。日本精神疗法研究所所长小林英夫认为，配合腹式呼吸，集中精神想想自己的长处，便可在不经意间弱化自卑的心理。例如想些令自己高兴的事，想想自己的长处，别人对自己的欣赏，就会增强自信心。

财务自由才能独立自强

在21世纪的今天，许多女性的身心仍然被浓厚的传统意识笼罩着，由于她们固执地认为“男主外，女主内”是天经地义的事，结果总是被动地充当了男人的附属品。其实这是一种已经被时代抛弃的落伍思想，女人要想活出自己，活出自信，那么就必须有自己的事业，在财务上有自己独立的能力。这样男人会觉得女人不仅是妻子，也是朋友，是知己，在一个相互欣赏的家庭环境中，夫妻关系会进一步发展，而不会让彼此厌烦。

在经济上一味地依靠男人是很不明智的。现代生活压力这么大，试想一下，男人们的工作已经很累了，还要在照顾你这个不能独立的女人，一次两次男人还感觉自己有被人依赖的满足感，时时间长了，男人还能承受吗，即使他能在财力上满足你，那他会认为你是他的附属品，你也要看他的脸子行事，这时家庭夫妻关系已经进入一种畸形状态，很容易引发各种问题，造成这种局面最根本的原因便是女人在财务上的不独立。

由此可见，女人在财务上独立的重要性，它是维持家庭合谐状态的重要条件，也是保证生活质量的重要因素。同时，你会给孩子留下一个自信自强完美的形象，让孩子从小就有一个正确的人生观与价值观。自己的言传身教往往决定了孩子成功的起点。孩子的成功就是你的成功家庭的成功，孩子的快乐就是你的快乐家庭的快乐，那每个人都是希望自己及自己怕所爱幸福，那就做一个幸福的女人，做一个自强自信的女人，做一个财务自由的女人。

在现实生活中，有许多女性朋友，她们可能不再有年轻漂亮的容颜和昔日少女时的妙曼身姿，但是她们在孩子眼中，在丈夫眼中，在亲人朋友眼中，仍是美丽的，甚至更胜当初。因为她们有独立的人格，有自己的朋友圈，有自己的事业，有自己赚钱的能力。因为有自己的经济来源，她们不用看丈夫的脸色，不必觉得低人一等。她们总是那么朝气乐观，光彩照人，身边的人也会被她的这种情绪所感染。

然而，人们谈到女人独立，总是会首先想到这个女人的家庭肯定不合睦。因为现在中国还处在男权社会，女人太过强大往往会使男人感到压抑。其实这是一种错误的认识，独立并非就是什么女强人，也不是要在某一方面与男人们一较高下，而是一种生活态度。由此而引发的生活方式，那就是女人要有自己的工作和事业，不管它是平凡的还是有所建树的，这都是独立的一要素。女人要有自己的理想，并且勇敢地为之付出行动和努力，不要事事依靠男人，要同男人一样，有自己的朋友，有自己的工作和事业。

我们说工作着的女人是美丽的，因为她们通过工作构筑起自己的经济来源，从而也更能积极地影响自己的生活。工作着的女人是独立的，不但是在经济上的独立，更是在人格上的独立。许多女性为了爱人而放弃工作，专心持家，一些男人总认为女人在花自己的钱，从而觉得女人是要他来养活，从而不自觉地轻视爱人。

女人只有在经济上自立，才能有独立的人格，也只有这样，才能获得尊严。男人对女人的感情最佳境界是欣赏，他们在有尊严的自立的女人面前往往在仰慕中多了一份敬重。这种感情带有责任，带有人格，带有知己的感觉。所以牢固的感情往往建立的彼此经济和人格独立的基础上，这正应了政治学中的一句话，叫经济基础决定上层建筑。而不能独立的女人，男人对其感情不会长久的，谁也不会去真正地爱上一个只会给自己麻烦的人，他们也有累的时候，也需要依靠，而能自立的女人恰恰能给男人以帮助。真正的夫妻感情是相濡以沫的，女人经济要独立，方可有真感情。

男人会认为女人向他要钱是不能自立的表现，一次两次还没什么，时间长了，男人就会对女人有一种轻视，觉得女人离了自己活不了，只会向自己要钱。婚姻是建立在男女平等的基础上的，而现在女人经济上的不自立，已让她在男人面前低一等了，而男人仗着自己的经济，不把女人放在眼里，会把女人当成他的私人物品，当然没有尊重理解可言。所以说经济自立很重要，只有这样，女人才能像男人那样活得光彩照人，活出精彩，活出自信与价值！

女人选择独立是非常明智的，但是这并不意味着她们非要与男人们比个高低，形成一种“大女人”的敌对情绪，这是一个极端的误区。那些过于独立而且作风强硬的女人其实并不幸福，她们在男人的眼里已被视为同性甚至是异类。

有一家很出名的时装公司，老板就是一个公认的成功女人，她不仅开着最新款的宝马，还有很多的头衔。令人费解的是，她最近告诉心理咨询师，她想自杀。

这些年来，她一直在拼命追求人格的独立和经济上的富足。人们看她时，总带着一些敬意，因为她的独立，因为她的能力，因为她是女中豪杰。她也乐于接受别人的崇敬，为了事业与荣誉她们不停地奔波努力，像一匹永远停不下来的马。可这些都是以沉重的代价换来的，她失去的是女人的特性，她给人的感觉不再是女人，如果非要与女人扯上点什么关系，那也只能是女强人。性别意识已经模糊，男人将她视为兄弟，女人们则称她为大姐大。生活中这样的女性并不少见，她们活得很累，提起她们，好像只能是一种强硬干练的形象，但她们的内心也有不为人知的痛苦。当她们被这种痛苦折磨得受不了时，就会萌生自杀的念头。但是这只是一个假象，她们会继续做她们的女强人、大姐大，因为她们生命的幸福与价值就在这里。

看到这里，大家肯定有所领悟了，女人的独立并不意味着她要拿自己的幸福作交换。男人事业成功可以有美满的感情，那女人也可以。一个成功的男人背后肯定有一个好女人，那一个成功女人的背后同样也有一个好男人。在事业上，一些女人或许真的可称得上女强人，她们的精明干练让男人们自叹不如，其实这并不会影响你的家庭幸福，但错就错在不要把工作中的心态与角色带到家里来，不管你在外面成就多大的事业，在家庭中，你仍是一个妻子、一个母亲、一个女儿。也只有在这时，你才感觉自己原来并不强大，而是一个再柔弱不过的女人，一个需要人疼需要人爱的小女人。上帝在造人时，已经奠定了男女之别，女人就是水，男儿就是泥！再强的水其本性也是柔弱的。

既然上帝制造了男人和女人，使他们在生理心理上产生了差别，那我们只有尊重这种差别才能演绎社会的多元与和谐。在生理与心理上女人与男人是不同的，这也注定了其社会分工与社会角色的不同，尊重这一客观事实方可有幸福人生。女人要有自己的经济来源，并不意味着其超负荷地运转，也不意味着丢下家里的孩子、老人而去追求事业。

当然，这也是一点小小的忠告而已，作为女人，自强还是要作的，人格上是这样，经济上也是这样，唯一需要谨记的一点就是：适可而止，切不可捡了芝麻丢了西瓜。

幸福女人的心灵处方

女人的独立自强要先从经济权独立做起，单身的女人财务问题固然要自己打点，已婚的女人，家庭经济权如果不是自己负责，就算是想省事不插手，也绝不能糊涂。

有了经济独立权，才有充裕的发言以及成长空间，才能在家庭说了算，也才能把生活纳入自己的轨道。

女人理财有自己的特色，与男人相比，女人明显具有细致周到的特点。她们对家庭的生活开支更为了解，这样使得女人在收入支出的安排上享有优先决策权。另外，女人的投资理财偏向保守，很好控制了风险。女人在决定投资之前，往往会事先征求多人的意见，三思而后行。

由于生理上的差异，女人对于形体的维护比男人要重视得多。时装、首饰、美容等高消费的商品对于女人来说，具有非常大的诱惑力。所以女人在这些商品上的花销往往很大。

在保险产品的选择上，女人已经意识到给自己买一份保险很重要，女人针对自己的特点，可以买一些包含有妇科疾病的险种。

在财产面前，感情当然是第一位的，不过现在的女人认识到，感情和财产可以兼有的。在结婚前，她们也会考虑财产公证以及所购房产所有人产权登记。

诸如此类的一系列举措，相信没有哪个美女不幸福地过着属于自己的生活，毕竟手中有钱，心中不慌。

从失败和挫折中恢复过来

挫折感，是指人们在为自己的目标付诸行动的过程中遇到的种种不顺心和困难，自己又无法克服，随之便会产生一种不良的情绪。

其实，由于各种无法避免的主客观原因，没有谁的生活是一帆风顺的，都会遇到一些困难和失败，甚至饱经风雨和坎坷。一般在工作中的不顺利、同事之间的一时误会和摩擦等，都免不了引起不良情绪反应，但相对而言，毕竟对我们的身心带来的负面影响不是很大。但严重的挫折感，会造成强烈的情绪波动，并且会有紧张、惆怅、沮丧、忧伤、绝望等精神现象。时间长了，我们的健康就会被这些不良情绪所破坏，使我们整个人都变成灰色，没有精神气，或是愤世嫉俗，或玩世不恭等，更有甚者会走上自杀或犯罪的道路。因此，正确地对待挫折，是尤为重要的。只有经受挫折的考验，才能让人成长成熟；只有树立健康的心态，才能度过挫折大关，走向下一站。

而从另一个角度来讲，挫折并不全是坏事，生活中不可避免的失败挫折既有负向的一面，又有正向的功能。其正向作用可使人走向成熟、取得成就，其负向作用可能破坏个人的前途，关键在于你怎样面对挫折。适度的挫折具有一定的积极意义，它可以帮助人们驱走惰性，促使人奋进。挫折又是一种挑战和考验。

首先，挫折帮助你成长。每个人都是在不断犯错、不断走弯路的情况下前进的，“失败是成功之母”，就足以说明了这一点。挫折是财富，是经验，里面蕴藏着成功的真谛。当自己的主观意向与客观实际的社会不相符时，便会出现挫折。挫折来临时，失意痛苦是在所难免的，而关键是我们要走出这片阴雨天。以良好的心态，结合主客观情况，作出合理的决策，抓住机会，顺应环境，使自己逐渐成熟起来。

其次，挫折增强你的意志力。心理学家把轻度的挫折比作“精神补品”，这是因为你每战胜一次挫折，都强化了自身的力量，为下一次应付挫折提供了“精神力量”。同时，挫折也有负面效应。在日常生活中，每个人对于挫折的反应并不相同。一方面这决定于对挫折的感情理解，另一方面，感情上的失落比物质上的失落反应激烈。当你追求的目标代表着爱、名誉、地位、尊严时，一旦目标丧失，就会产生不良的心理影响，这是一种负面效应。人在遭遇挫折时，往往会感到缺乏安全感，使人难以安下心来，工作和生活都会受到影响。

人生的道路不可能的一帆风顺的，随时都可能遇到失败挫折，给人带来心理上的压力和痛苦。虽然我们不能避免所有的挫折和失败，但我们却有办法去对付挫折和失败，从而避免其给我们带来伤害。

幸福女人的心灵处方

（1）倾诉法。适度的倾诉，可以将失控力随着语言的倾诉逐步转化出去。倾诉作为一种健康防卫措施，既无副作用，效果也较好。如果倾诉对象具有较高的学识、修养和实践经验，将会对失败受挫者的心理给以适当抚慰，鼓起他奋进的勇气，受挫人会在一番倾谈之后收到意想不到的效果。

（2）优势比较法。所谓比较法就是去想那些在职场上比我们自己受挫更大、困难更多、处境更差的人。通过挫折程度的比较，将自己的失控情绪逐步转化为平心静气。其次是寻找分析自己没有失败受挫的方面，即找出自己的优势点，强化优势感，从而提高承受力。认识事物相互转化的辩证法。挫折同样蕴含力量，可激发人的潜力。

（3）痛定思痛。当自己从挫折中重新站起来之后，应认真审视自己的受挫的过程，多从自身找原因，接受受挫的事实，克服工作中自身存在的问题。

（4）目标法。职场上的挫折干扰了自己原有的工作氛围，毁灭了自己原有的目标，因此，重新寻找一个方向，就显得非常重要。目标的确立，需要分析、思考，这是一个将消极心理转向理智思索的过程。目标犹如心中点亮了一盏明灯，人就会生出调节和支配自己新行动的信念和意志力，从而排除挫折和干扰，向着目标努力。目标的确立标志着人已经从心理上走出了挫折，开始了下一步争取新的成功的历程。

让自信与你同行

决定女人心理健康的诸多因素中，“自信”应该排第一位。

心态决定一切，你的态度不仅决定着每一件具体的事情的结果，更决定你将面临一个什么样的命运。这就是自信对于一个人的意义所在。

那些浑身上下充满自信的女人，总能游刃有余地掌控自己的命运，相反，缺乏自信的女人却总是被命运捉弄。

困难时，自信是支撑，是你走过苦难的精神力量；得意时，自信是你积极进取勇往直前的锐气；平淡时，自信是从容的理由！记得有一个真实的故事：一个女人用9次微笑改写人生。同样，女同胞们，让我们笑对人生，所有的不快和困难便会迎刃而解。

梅婷是一个走到哪里就把快乐带到哪里的人，跟她在一起的人也总是被她的自信和乐观所感染。而她的这种阳光般的性格也确实让她度过了一个个难关，在事业上取得了很大成绩。

毕业后的梅婷和好友佳佳进入了一家不错的广告公司，做广告策划。梅婷每天踏着轻快的脚步走进公司，一身淡色系衣着的她时常给人一种神清气爽的感觉，连保洁阿姨都夸赞道：“瞧，这丫头，真精神！”

由于梅婷的广告策划独特新颖，备受主管的重视。有一次，主管叫梅婷到自己的办公室，先让她坐下，递给她一份关于运动鞋的资料，然后对她说：“一家运动鞋公司找我们做广告，他们希望我们能打破运动鞋那些传统的广告，做一个让人耳目一新的广告。我让李平也在做这个策划。但在公司众多新来的人里，我发现你的思路一直非常独特，怎么样，你想不想试一试？”

梅婷听到主管如此赏识自己，不由得高兴起来：“既然您这样相信我，我觉得可以。但我不知道您有什么样的条件？”

主管说：“在两个星期内完成，可以运用各种方式搜集资料，进行创作，有什么工作上的需求可以随时向我提出来，当然你可以在咱们部里选一个合作的人员。”

梅婷愉快地点点头，迈着轻快的步伐走出了办公室。她知道这次的任务并不那么简单，运动鞋的广告太多了，光是中国本土名牌的明星广告就是铺天盖地的，更别说国外的了。想另辟蹊径确实有点困难。另外和她一起竞争的李平是一位有着十分经验的老手，而且去年刚获得业内比赛的大奖。但梅婷依然是信心十足，加倍努力地工作。

她找到自己的好友佳佳作为合作伙伴，佳佳觉得太难了，劝她放弃。但梅婷说：“别担心，有你的合作，我们一定能成功。像以前那样，你帮我搜集资料。”

时间就这样一分一秒地过去了，眼看就要到截止时间了。但是梅婷的策划还是一点头绪都没有，这可急坏了作为助手的佳佳，再次劝她要放弃。但梅婷却非常自信，笑容依然灿烂，而且开导起佳佳说：“相信我，坚持一下，我们肯定能成功。”

梅婷在电脑上开始敲打上第六个“平稳”的时候，灵感一下子就来了。对呀！就从这“平稳”入手，于是在老人、儿童、残疾人和孕妇四类人群中，梅婷选定了孕妇。梅婷想：“一个身怀六甲的孕妇可以和运动员一比高低，还能有像这样平稳的运动鞋吗？”

沮丧的佳佳终于露出了笑容。

等到和李平一决高下的时候，主管看到他们俩的策划都是非常好，一个是大气魄、大场面，一个新颖独特。一时间主管都不知道到底该采取哪种方案，考虑到李平是拿过大奖的人，于是就采纳了他的策划。

可是一向自信的梅婷，不甘示弱，就找到主管商议说："把我们的策划拿给厂家看，让厂家来选择。"

结果可想而知，胜出的当然是梅婷。正是由于梅婷的自信，让原本没有什么机会的策划再一次得到重用。可见，良好的自信就是成功的一半，当你具备胜任那份工作的实力的时候，你一定要充满自信，只有这样，成功才真正属于你。正如一位名人所说："只要你自信，那铁树开花就不是奇迹。相信自己，那自己终有一天会看到红绿灿然的一树婆娑！"

幸福女人的心灵处方

做一个自信的女人，心里想什么，就要努力去做什么，征服畏惧，征服自卑，直到你获得成功的经验。

以下教你几种培养自信的方式：

1.挑前面的位子坐

你是否注意到，无论是在会议室或教室的各种聚会中，后面的座位是怎么先被坐满的吗？大部分占据后排座位的人，都是希望自己不会"太显眼"，而他们怕受人注目的原因就是缺乏信心。

坐在前面能够培养女人的信心，把它当做一个规则试试看。当然，坐前面会比较显眼，但要记住，有关成功的一切都是显眼的。

2.练习正视别人

一个人的眼神可以透露出许多有关他的信息。某人不正视你的时候，你会直觉地问自己："他想要隐藏什么呢？他怕什么呢？他会对我不利吗？"

不正视别人通常意味着：在你旁边我感到很自卑，我感到不如你，我怕你。躲避别人的眼神意味着：我有罪恶感，我做了或想到什么我不希望你知道的事，我怕一接触你的眼神，你就会看穿我。这都是一些不好的信息。

正视别人等于告诉他：我很诚实，而且光明正大。我相信我告诉你的话是真的，毫不心虚。所以，女人要让你的眼睛为你工作，就是要让你的眼神专注别人，这不但能给你信心，也能为你赢得别人的信任。

3.把你走路的速度加快

许多心理学家将懒散的姿势、缓慢的步伐跟对自己、对工作以及对别人的不愉快的感受联系在一起。但是心理学家认为，借着改变姿势与速度，可以改变你的心理状态。你若仔细观察就会发现，身体的动作是心灵活动的结果。那些遭受打击、被排斥的人，往往走路拖拖拉拉，没有自信心。

普通人有"普通人"走路的模样，做出"我并不怎么以自己为荣"的表白。另一种人则表现出超凡的信心，走起路来比一般人快。他们的步伐告诉整个世界："我要到一个重要的地方，去做很重要的事情，更重要的是，我会在15分钟内成功。"因此，抬头挺胸快步走会使你感到自信心在滋长。

4.练习当众发言

拿破仑·希尔指出：有很多思路敏捷、天资高的人，却无法发挥他们的长处参与讨论。并不是他们不想参与，只是因为他们缺少信心。

在会议中沉默寡言的人一般认为："我的意见可能没有价值，如果说出来，别人可能会觉得很愚蠢。我最好什么也不说，而且，其他人可能都比我懂得多。我并不想让他们知道我是这么无知。"这些人常常会对自己许下很渺茫的诺言："等下一次再发言。"每次这些沉默寡言的人不发言时，他就又中了一次缺乏信心的毒素，他会愈来愈丧失自信。

从积极的角度来看，如果尽量发言，就会增加信心，那么下次发言时也就易发言，所以要多发言，从而产生信心的“维他命”。

女人无论在做什么事情，都应该学会发言，不要等到最后才发言，要做破冰船，第一个打破沉默。也不要担心您会显得很愚蠢，不会的。因为总会有人同意您的见解，所以不要再对自己说：“我怀疑我是否敢说出来。”用心获得会议主席的注意，好让自己有机会发言。

5.不妨大笑

大部分女人都知道笑能给自己很实际的推动力，它是医治信心不足的良药。但是仍有许多女人不相信这一套，因为在她们恐惧时，从不试着笑一笑。

真正的笑不但能治愈自己的不良情绪，还能马上化解别人的敌对情绪。如果你真诚地向一个人展颜微笑，他实在无法再对你生气。

世界著名女时装师玛丽·凯曾有过这样一次亲历：“有一天，我的车停在十字路口的红灯前，突然‘砰’地一声，原来是后面那辆车的驾驶员用脚滑开刹车器，他的车撞了我车后的保险杠。我从后视镜看到他下车，于是也跟着下车，准备痛骂他一顿。我还来不及发作，他就走过来对我笑，并以最诚挚的语调对我说：‘朋友，我确实不是有意的。’他的笑容和真诚把我融化了。我只有低声说：‘没关系，这种事经常发生。’转眼间，我的敌意变成了友善。”

微微一笑，你会觉得美好的日子又来了。但是要笑得“大”，半笑不笑是没有用的，要露齿大笑才能见功效。可在生活中常听到：“是的，但是当我害怕或愤怒时，就是不想笑。”当然，这时任何人都笑不出来。窍门就在于你强迫自己说：“我要开始笑了。”然后，笑。从而自己给自己鼓气，增加自己的自信心。

自爱是对别人最高的尊重

自爱、自尊是一个女人在为人处事的过程中应该坚守的最基本的做人底线。

“自尊、自爱”这个话题从小学一直到大学都是我们的学生守则，可真正能做好的不会太多，因为首先你要有良好的心理素质，不卑不亢，在人际中要真诚相待，在工作中要努力认真，做出业绩!

只有当你懂得自爱时，才会赢得自尊。自尊是自己的品质，却是需要别人的认可才能得到，别人对人的态度行为方能显示你是否自尊。而这一切均缘于你是否自信自爱。自信其实就是一定程度上的乐观，自爱就是自己对自己积极的态度!

举个例子，同样家境贫寒的大学生，一个不卑不亢，学业上努力认真，同学中真诚相待，虽然她也曾一度受到过别人的嘲讽，但她的真诚与宽容终于打动了那些怀敌意的同学，从此她成了同学中善解人意的知己。同时她还利用业余时间做兼职工作，……大学毕业两年后，她当上了部门主管，并且有一群真正的好朋友。可以说她的自强、自爱终换得了别人的尊重。同样一个贫困的女大学生，总觉得同学瞧不起自己，老师不重视自己，结果整日不愿与人交往，也许是心情的原因，她的成绩只是勉强处于中游，计算机还不及格重修了一次！可以说无论是交朋友还是学业都是很失败的。渐渐地，她绝望了，他放弃了自己，开始以一副玩世不恭的姿态对待自己的人生。这样的人怎么可能知道自爱，她连正确认识自我都做不到。这导致她以后的工作中很难以正确的心态取得业绩，自然，这样的人永远不会得到人们内心深处的尊重。

有人说世界上最难了解的不是别人，恰恰就是我们自己，这话不假。我们内心有保护自己的倾向，总是为我们的所作所为找出现由，要让不合理的也看作合理。还有很多人根本就不想认识自己，他们喜欢谈论别人和别人的问题，却躲避他们自己，不愿意面对自己。而事实上，一个人成长过程中要做到真正的自爱，就不要试着躲避自己，而要认识真正的自我。认识不到自己，何谈去爱自己？

从定义上来讲，上面所说的应属于广义的自爱。除此之外，狭义的自爱就是尊重自己的感情，认真对待性的问题。千万不能做一个对感情不负责任的“性”情中人，更不能为了金钱而出卖自己的肉体，这样不但不自爱而甚至是自卑的，不但得不到人们的同情，反而会是无尽的奚落与鄙视！

还有很重要的一点，爱他人也是自爱的一种，只有关心和爱护他人，你才能得到别人的关心与爱戴。

讲了这么多，相信大家已经很明白了自爱给我们的身心所产生的影响。

总的来说就是一句话，对世事的态度也正是对自己的态度，自爱的人肯定不会总是报怨身边的人和事，因为珍爱，她会爱身边的人和事，当然包括自己。正是这种热情的生活态度会让你得到理想的结果，自然赢得尊重是情理之中了。

幸福女人的心灵处方

（1）对自己好一点，不要动不动就抱怨。遇到不顺心的事情时，抱怨等于自我惩罚。正确的做法应该是冷静地查找问题出在哪里，或是自我解脱，或是与别人商量，哪怕争论一番，对扫除障都有益处。

（2）学会肯定自己，勇敢地把不足变为勤奋的动力。工作时要全身心投入，争取最满意的结果。无论何时都要看到自己努力的一面。如果改变方法也不能很好地完成，说明或是技术不熟练，或是还需完善其中某方面的学习。

（3）宽容别人，善待自己。用热情的情绪感染周围一切，包括自己。不要以挑剔的目光来看待周边的人，学会宽容。这样不仅能使自己活出自信，活出美丽，也会赢得真正的友谊，让自己的生活美丽幸福。

做自己想做的人

美国一家名为《幸福》的杂志社曾做过这样一个调查：假如让你重新选择，你做什么？一位军界要人的回答是去乡间开一个杂货铺；一位市长的愿望是改行当摄影记者。几位商人的回答最离奇：一位想变成女人，一位想成为一条狗。其间也有一般百姓的回答，想做建筑师的，想做外交官的，想做司机的，应有尽有。尽管有些人现状已经很令人羡慕了，但还是很少有人想做现在的自己。

看起来似乎有些不可思议，甚至荒谬，但这是事实，或许这就是人的本性使然。如果真是这样的话，那么，我们就不应该刻意地压抑这种想法，最好是条件允许的情况下付诸行动，努力争取。

有一个朋友名叫林丽，她在深圳的一家电子有限公司工作了五年多，已享有较高职位与不菲待遇，一年前却毅然辞职，与几个朋友开了家小小的电脑配件销售公司，经营状况一直不是很好。当朋友问及为何辞职时，林丽却笑着说："原公司的确是很多人羡慕的地方，我也不否认那里的待遇不错，但在那里我已经找不到激情了。"她认为那里没有多少值得发展和留恋的前景，远不如自己出来开拓另一片新天地。

林丽对公司太熟悉了，循环往复地工作，使得她在后来几年的时间里，已不再有激情的碰撞，充其量只不过是一台工作机器罢了。《幸福》杂志上的那些部长、商人及平民百姓们，之所以不愿做他们现在的自己，这与林丽辞职的原因大概一致。

“哀莫大于心死”，最大的悲哀不是我们多么贫穷，不是我们有多少痛苦，而在于我们的心境。当目前的环境不能再激起你的时，那人生就变成了灰色。没有感动，没有希望，也没有愤怒，你已成了一潭死水，没有任何的激情可言。这时，人就需要寻找另一处能够满足激情发挥的用武之地。

许多时候我们换工作不是因为待遇问题，而是因为那里不再是我们的位子，在那里我们扮演不了自己想演的角色。

做自己想做的人，很难；在环境复杂诱惑纷繁的情况下做自己想做的人，更难。但这不能成为我们止步不前的理由，生命的意义在于攻克难题，不断成熟。只要我们有一颗淡定从容、积极乐观、充满爱的心，一切都将变好。

幸福女人的心灵处方

1. 在简单之中领悟人生的真谛

我们真正所需要的并没有那么多，不知足地一件一件地拿，永远没有尽头。何不放弃一些不需要的东西，减少想法，简简单单的生活。

2. 不要为小事而烦心

塞车、同事争执、服务生态度恶劣……当遇到这些事时，你是否会很容易生气，但这些无关紧要的小事值得吗？相比较而言，虐待儿童、人民遭受饥饿之苦、战争……就可以知道应该为哪些事生气了。为值得生气的事而发泄情绪也值得，不要为小事而烦心，并且想想自己可以为这些情况做什么。

3. 不要对你的人生说没有时间

对日常生活要学会做到良性循环，每天都在工作，身体总有承受不了的一天，休息是为了走更远的路。每段时间放自己几天假，散心，休息，是值得的。

4. 健康生活

根据自身的情况，做出均衡营养、合理运动的安排，长期坚持，参加一些有益身心健康的活动，这样整个人都会显得充满朝气。

5. 分享

时不时地给生命一些全新的刺激，这样才会不断在成长，感觉每天都是新鲜的，让东家长西家短的无聊变成丰富彼此生命的启发，对一些新闻自己的见解也说与大家听听，彼此分亨一下。

6. 勇闯生命难关

吃饭是为了活着，但活着决不是为了吃饭。为工作而活，为梦想而活。生是上天赋予的权利，也有人为找出究竟为什么要活着而继续生活。因为人类也同样存在着物竞天择，生存环境愈加严酷，活着更要靠自我的智慧与勇气。

7. 再试一下

怕压力怕困难是人生前进的最大障碍，其实，事情并不棘手难办，别人能做，当然你也能做。当你试着面对这些时，这已是一个好的开端，一切的多虑都将消失。

别让沮丧为失落埋单

常常听到一些职业女性们说："工作实在太忙了，都累晕了！"确实，职场女性在社会中扮演的角色，代表了一种鲜明的状态，她们的工作中充满了竞争与快节奏，所以她们所承受的压力绝非一般家庭主妇所能比。

一个健康的成年人的正常工作时间为8—10小时，这是人体所能承载的工作量。但是，由于社会竞争引发的个体竞争的日益激烈，不少人的工作时间已经超过了10个小时以上，有的人甚至达到12—15个小时。

如果长期工作12小时以上，就会对人体产生压力，莫名其妙的"失落感"就会在心里滋生。悲观、失望、没有信心，甚至愤世嫉俗的心态几乎都是由这种不良情绪引发的。

专家指出，职业女性长期处在激烈的竞争之中，紧张、痛苦和失望都会紧随而来，致使情绪多变。当精神压力超过自己所能承受的标准时，就会感觉遇到了打击，失去了自控力。有的还会消沉下去，失去信心。

幸福女人的心灵处方

（1）让工作减度。如果紧张的工作把你压得喘不过气来，那么你应该放松一下，工作放一下，放慢一点，或许你会做得更好。把学习、工作、生活和娱乐安排得合理点，并有规律地进行。

（2）睡眠要保证充足，不要违背自然规律，正确地评价自己，以一颗平常心来生活，制定合理的目标，并根据现实自身情况的变化而随时调整自己的目标。

（3）要学会承压。平常持有乐观豁达的心态很重要，尤其是在压力面前。与人为善，要培养自己有一个宽广豁达的胸怀。

4、丰富业余生活，培养广泛的兴趣爱好。绘画、书法、下棋、运动、娱乐等这些活动往往会起到修身养性的效果，自己也会乐在其中。

压力不会自动变成动力

很多人都会认为，没有压力就没有动力。事实上，压力并不是动力，压力就是压力，动力就是动力。压力是从“敌人”的挑战中产生的，而动力则是从内心的愿望中升起的。

在一个充满竞争的工作环境里，每个人都会不可避免地遇到各种压力。这是很正常的，关键在于自己如何对待。采取积极的态度来面对是一种较为明智的方法。承受不了的时候，可以转换一下注意力，看看书、听听音乐等，把心情放松下来，再重新去面对。到这时往往就会发现压力其实也没有那么大。

压力与动力也是有其相同点的，但其本质是不同的，压力会让我们“不得不”去做，而来自内心的动力是“愿意”去做。可能二者的付诸行动是一致的，但其内心截然相反的两种态度，其坚持度与发展结果肯定不可同日而语。

李女士30岁，是某报的采编记者。她很努力，每天都是不知疲倦地到处找好的新闻报料。但四年的记者生涯，她仍然觉得自己一事无成。

为了事业的成功，她一次次地婉言谢绝了很多位男士抛来的绣球。她不断地施加压力，逼自己时时处于压力的状态。她认为，没有压力就不会有成功的动力。比如，每天要有一条焦点新闻见报。为了焦点新闻，她绞尽脑汁、四处奔波，三餐不定、睡眠不安。的确，那段时间，她的新闻稿不仅见报率高，而且反响也很大。她得到了上司的赏识、同事的羡慕、社会的关注。

不幸的是好景不长，另一个刚刚毕业的年轻漂亮的女记者成了该报社的焦点人物。李女士心里很不舒服，焦躁不安，她给自己下了死规定，必须每天有一条焦点新闻见报。还真管用，她的新闻稿受关注的热度又迅速升了上去。可惜好景不长，又有一位风华正茂的记者夺走了她的关注度。李女士感到很沮丧，不安、无奈、疲倦，使她越来越难以控制自己的成功，对未来的成功之路，她感到迷茫和不知所措。时钟走过的每一秒钟，她都在警惕自己有没有在做与焦点新闻相关的事情，她害怕自己浪费时间，似乎一不小心，焦点新闻就会从流动的时间中溜掉。时间一小时一小时地飞过，工作一天一天地闪去，李女士的见报率和被关注的程度越来越低。她发现，以前定目标、加压力，她能够立即响应、迅速去做。现在，即使下定决心去做一件事情，也会很快放弃。她开始抱怨自己，恨自己没有毅力。她想好好休息休息，什么事情也不干。但一想到自己离成功还那么遥远，她就浑身战栗，只能硬着头皮、神情疲惫地为成功继续奋斗。

李女士是个非常有能力的记者。但是，只有在她成为焦点的时候，她才觉得自己是有能力的、是了不起的。人有嘴巴，是不是在说话的时候，我们才认为自己有嘴巴呢？其实，说话和不说话的时候嘴巴都在。李女士糊涂了，她觉得没有自己的焦点新闻见报，自己就不是一个有能力的记者。为了证明自己的嘴巴还在，她要求自己不间断地说话，生怕说话一停下来自己的嘴巴就会消失。即使累了、困了、烦了，麻木了，她也不愿暂停说话。

李女士对成功的渴望太强烈了，她太害怕生活在被忽视、受冷漠的日子里。为了消除自己的害怕心理，她要求成功时时伴着自己。她为成功付出的代价是“筋疲力尽”。如果说，原来为成功还能付出“筋疲力尽”，现在她连“筋疲力尽”的代价也付不起了。

李女士无端地给自己施加了那么大的压力，不但没有给自己带来多少积极的影响，反而落到这般田地，希望大家都能引以为戒。

一味地把压力当成动力，这是一些内心错乱的人的做法，如果压力超出了自己的承受能力的话，很有可能会毁掉一个人。而心境明智的人则会顺其自然，就算不得不做，他们也会把自己所做的事情都变成自己喜欢的。有了好心情，从中流淌出来的动力才是取之不尽、用之不竭的。这是一个显而易见的良性循环。

其实凡事只要自己尽心尽力，做好了自己的工作就行了，一些东西是急不来也想不来的。与其让压力给自己平添无谓的烦恼和痛苦，还不如静下心来，享受最真实的现在！

幸福女人的心灵处方

从心理健康角度来讲，我们被一些压力所困时应尽量释放自己的压力，例如找朋友聊天、做一些娱乐性的活动。如果感到自己不能解决，不妨找心理医生倾诉，学会适应环境，面对现实，放宽心境，不逃避，通过静心、自我暗示等方式积极地进行心理调整，这样才能使自己精神健康。

专家还建议，容易烦躁不安的人，提高心理承受能力，能够做到应付突发事件，并进行适度的放松训练，使自己能够保持稳定的情绪。一旦出现心理不适症状，应及时找心理医生咨询求治。

（1）设定现实的目标。制定切实可行的目标，使它符合自己的实际情况。

（2）将导致压力的原因写出来。一条条地列出来，然后再一个个地去击破，这样你会发现容易多了，其实压力很容易缓解。

（3）统筹安排。许多事情等着我们去做，可是不可能一下子全部做完，事情有急有缓，有大有小。只要有条不紊地先把必须做的事完成，就会减轻压力。

（4）适时放松。现在工作压力很大，工作之后需要放松。如听音乐、洗澡、看喜剧片、外出旅游和保证充足的睡眠等。

（5）慢慢用餐。慢慢地用餐是一种享受，也是一种解压方式，而快速进餐则会增加紧张情绪。

（6）想象。比如想象自己坐在充满生机绿色盎然的草地上，心中充满安详、宁静、平和的感受，蓝蓝的天，白白的云，这样可在短时间内缓解紧张，恢复精力。

（7）闻香气。大脑边缘系统的神经细胞可以被香气所控制，所以闻香气对舒缓神经紧张和心理压力有明显的效果。

（8）读书。书可以让一切忧愁悲伤付诸脑后，烟消云散。读书可以潜移默化地使一个人的内心变得开朗豁达，不惧压力。

（9）求助。当你需要别人倾听、提出建设性的意见和帮助时，尽管开口。

（10）想哭就哭。哭是一种很好的释压方法，压抑的情感得以发泄，心情自然会舒畅很多。

离开“依赖”你会更坚强

什么是依赖型人格呢？主要是指对亲近与归属有过分的渴求，是一种较为常见的人格障碍，尤其是女人，多数都有这种倾向，只是程度有所不同而已。依赖心理严重的人会认为，能够抱住一颗大树，有一座靠山，远比自立要重要，她们可以放弃自己的兴趣、爱好、人生观与诸多发展机会。长此下去，她们会越来越脆弱，为了讨好所依赖的人，处处委曲求全，失去了真正的自我。

当然，由于我们年幼而没有能力应对外界挑战的时候，依赖他人的帮助是我们惟一的选择，因为我们身边的亲人有这样的责任，这本无可厚非。可是有一天你长大了，你是一个完整的人，别人具备的生存能力，你一应俱全，你还要一味地依赖他人吗？

在生活中总能听到有人说：就像一个永远长不大的小孩，总让人操心！这就是过度的依赖。严格意义上讲，这是一种心理上的缺陷。

依赖心过强最直接的表现也许就是喜欢撒娇，这一点在女人身上尤其突出。我们这里更多是探讨成年人的行为，自然这种撒娇就不像小孩子那样有直接的表现，而只是在潜意识里面的一种冲动。

尤其需要注意的是，我们这里提到的撒娇者，他们不仅仅只是表现出一种依赖——他们一方面依赖着别人，一方面却在想着如何控制别人。所以这里所说的撒娇者，是所谓的“利用别人的善意行事”的人。

要了解这一点，看看幼儿的情形就知道了（当然这也是最典型的撒娇者）：幼儿在说话的时候，要是别人（比如父母）不注意听，或者父母更加关注别的孩子，他就会撒娇生气；如果别人不依照他的意思行事，他就会使性子、赌气、哭叫。

可悲的是，有的人长大之后仍然和幼时一样，别人不注意他时还会觉得不满。这种人在身体上虽然已经除去“尿布”，但是在精神上则尚未除去。

想象一下那些热恋中的撒娇者，她时刻让对方只注意自己，而跟其她的异性“绝缘”——一旦这种撒娇的心理得不到满足，就会使性子或者变得很乖僻。

总而言之，撒娇者事事都以自我为中心，总是希望受到别人的特别对待，或者受到别人的高度注意——这也许正是要在别人的心目中确认自己的重要性。

因此，撒娇者的喜悦可能归结为一件事情：别人把自己当作重要人物看待。

他们做事情的动机也许仅仅只是证明自己给别人看，甚至只是希望听到别人的奉承——而真正主动生活的人所求取的事情，乃是自己真正想做的感兴趣的事情。前者最容易受到别人言行的伤害，而后者能够采取主动就是最好的避免受到伤害的方法——除非你再也不和别人接触，这显然是不可能的。

很多情况下我们受到伤害，其实都只是源于我们自身的幼稚。总是希望周遭的人都能够无限制地接受自己，这怎么可能呢?遭到拒绝自然会觉得受到了伤害。

我们来想一想有依赖心而撒娇的妻子。她离不开老公，但老公在时，她未必感到舒服。

老公早上起床后，如果说话声不愉快，她就立刻不高兴。她自己醒来时，听到老公和小孩说话的语调不顺耳，心情就变得焦躁，然后对老公说：“你为什么老是不高兴?”她忘了自己的不高兴而对老公生气。

撒娇者想支配撒娇对象的要求无止境，而且会越来越升高，因此不可能有满足的时候。

有独立心的人对他人的要求有一定的界限，因此在某界限处可获得满足，但依赖心强的人对依赖对象的要求无界限。

因此，她的心经常纠葛着，觉得焦躁，对他人的言行敏感而不安。她对周遭一般的事毫不关心，只关心自己的心情，她对与依赖对象之间的事感受敏锐，对于其他的事极端不关心，所以敏锐和迟钝共存于当事人之中。

这种人不采取任何步骤使自己感到快乐，倒有很多时间坐下来对对方发牢骚。当她开始觉得不舒服时，她似乎会有无可奈何的无力感。

世上有执著于不愉快感觉的这种类型的女人，而且她们绝不采取行动，把自己引导至愉快的感觉。

我们应该知道，人的性格是由遗传的性情、后天的生活环境、经历的体验形成的，那么我们就有这样的信念：虽然我们不能完全改变自己的性格，因为遗传的那部分性情是难以改变的，但是我们也还是可以根据环境，改变自己性格的一部分。

该反省的第一件事情是：自己有没有被真正地爱过?没有充分被爱过的人容易依赖心强——也就是她会很渴望爱情，因为她始终无法摆脱幼年期的愿望。这种人只是身体在成长，年龄在增长，可是在心理上面却一直没有脱离幼年期的要求。

要实现真正的自我寻找最稳固长久的幸福，从现在开始，你就必须摈弃依赖心，培养并且增强自己的独立性。

幸福女人的心灵处方

1. 要学会重新树立信心

严重的依赖心理是一定要改掉的，但如果只是表面上纠正了依赖性的习惯，而不去从根本上找原因，那么还有可能出现别的不良情况。最重要最本质的还是重新树立自信心。

第一步，消除童年不良印迹。依赖型的人缺乏自信，自我意识十分低下，这与童年期的不良教育在心中留下的自卑痕迹有关。你可以回忆童年时父母、长辈、朋友对自己说过的具有不良影响的话，例如："你真笨，什么也不会做。""瞧你笨手笨脚的，让我来帮你做等。你把这些话语仔细整理出来，然后一条一条加以认知重构，并将这些话语转告给你的朋友、亲人，让他们在你试着干一些事情时，不要用这些话语来指责你，而要热情地鼓励、帮助你。

第二步，重建勇气。你可以选做一些略带冒险性的事，每周做一项如：独自一人到附近的风景点做短途旅行；独自一人去参加娱乐活动或一周规定一天"自主日"，这一日不论什么事情，决不依赖他人。通过做这些事情，可以增加你的勇气，改变你事事依赖他人的弱点。

2. 习惯纠正法

依赖型人格的依赖行为已成为一种习惯，治疗首先必须破除这种不良习惯。清查一下自己的行为中哪些是习惯性地依赖别人去做，哪些是自己做决定的。你可以每天做记录，记满一个星期，然后将这些事件按自主意识强、中等、较差分为三等，每周一小结。

依赖行为并不是轻易可以消除的，一旦形成习惯，你会发现要自己决定每件事毕竟很难，可能会不知不觉地回到老路上去。为防止这种现象的发生，简单的方法是找一个监督者，最好是找自己最依赖的那个人。

第二章

关爱自己，自疗心病

正确处理慢性疲劳

小丽是一家单位的会计，为了提高自己的业务水平，报名参加了自学考试，为此全天都把自己搞得紧紧张张的，没有喘息的机会。半年前因感冒生病后，就变得十分容易劳累，没有精神气，连平时的爱好都提不起精神去做，后来有医生诊断她患上了慢性疲劳综合症。

因过度疲劳引发的各种身心疾病在我们身边屡有耳闻，尤其是在IT、传媒这些新兴行业的从业人群，发病率甚至达到了10%–20%。那些只知消耗不知保养的人，或者事业心特强被称为“工作狂”的人，以及有遗传早亡血统又自以为很健康的人，最容易结缘“慢性疲劳综合症”，严重的甚至引发“过劳死”。

慢性疲劳综合症会表现在以下几个方面：

1. 心理方面

患者首先感到自己容易疲劳，做事情总是有些力不从心的感觉。对平常的工作都感到累，更不想去加班。再就是老是爱忘事，注意力不能集中，总感觉听不清楚别人在讲什么。长此以往，变得爱发脾气，易敏感，心情越来越差，大家都会对你敬而远之，人际关系也变得很糟糕。

2. 身体方面

一个不容忽视的事实是，疲劳综合症所困扰的恰恰是那些年富力强的中青年，并且近年来患者的年龄正在呈现出逐年降低的趋势。

咽炎、发低热、头痛头晕等一系列症状都出现了，但躯体检查又没问题。其病因是患者长时间地工作、学习强度大和不善于劳逸结合是其病因。疲劳综合症轻者伤害心身健康，影响工作、学习效率及人际关系；严重的会造成猝死。

体力和脑力的疲劳通常是由我们的工作生活压力太大而造成的。疲劳是人体一种生理性预警反应，提示人们应该休息。短时间过度疲劳经过休息是可以很快恢复的。但如果长时间如此，再加上夜生活过多，休息不好，就会产生疲劳的积累——过劳。在现在这个竞争过于激烈的社会，“过劳死”已不是什么新鲜的话题，而且大部分过劳死的人都是正当壮年。过劳是健康的“透支”，长期下去，必引发疾病。要注意合理安排工作、生活，劳逸结合，并有计划、有针对性地进行身体素质锻炼，以提高对疲劳的耐受性，提高身体素质，避免滑向亚健康状态。

很多被疲劳所困扰的上班族，希望借助某种增强体力的药物或保健品来恢复体能，这只是被动的做法。要知道，规律的运动、均衡的饮食、适度的休闲娱乐、充分的休息、良好的人际关系、选择较好的工作环境等，才是挥别疲劳倦怠的好办法，在这里提供几种预防和调适的方法。

幸福女人的心灵处方

（1）每天早晨多给自己15分钟，使你不会感到匆忙地开始一天的生活。

（2）服用复合维生素。如果你因为错失一餐、节食或饮食不正常而感到不安，不妨每天服用一些复合维生素及矿物质补充品，因为营养不良可能引起疲劳。尽管使用适当补充品可以补救缺乏的营养素，但别期待任何维生素能立刻赐予你能量。

（3）自我放松术。仰卧床上，松开腰带，做深长缓慢的腹式呼吸，同时默念“放松”二字，让四肢、躯干、头颈各部的肌肉都能放松下来，约10—20分钟即可。千万不要入睡，若有睡意应马上坐起来清醒一下。

职业倦怠症：请你远离我

佟瞳跳槽到了一家新的单位，她很庆幸自己能够找到一份合适的工作，专业对口、收入颇丰，还很稳定。这可是很多人梦寐以求的啊。刚开始时，她信心百倍，热情似火，可是一年过去了，她发现每天都是重复同样枯燥的工作，并且被条条框框所禁固，没有自由，没有激情。当初对工作的那种豪情万丈已经被消磨得无影无踪了。尤其是当她看到办公室的种种争斗时，更感到很是厌恶。她从此不再热心，经常报怨，发火等异常情绪时有出现。可怕的是，她周围的朋友也有类似的现象。佟瞳和她的同事还没有意识到，她们和许许多多的职场白领一样患上了职业倦怠症。

工作倦怠症也是一种心理障碍，从概念上来讲，它是指人们在紧张忙碌的生活及工作中，生活和工作中的情绪感受会随着大环境的变动，身心紧张或调节不当而产生的行为。

染上工作倦怠的人犹如失去水的鱼，备受窒息的痛苦。据调查，现代人工作8个月就开始对工作厌倦，有高于40%的人想着跳槽，很大程度上都与职业倦怠症有关。

另据上海一项调查显示：有33.3%的人出现了工作倦怠现象，有2.6%的人患上了工作倦怠症。由此，心理学家建议，在同一岗位工作满两年的人群中，失眠、焦虑、烦躁等生理上的疾病、心理上的不适以及行为上的障碍都需要及时缓解和治疗，否则就会对患者身心产生很严重的负面影响。心理学家多德拉认为，如果一个环境给你带来了不良症状和障碍，当你在此过程中遇到心理上的冲突时，要解决这些症状和障碍就得去认识你身上存在的冲突。

一般职场人士心理上的冲突主要表现在以下几个方面：

1. 希望获得成就但又害怕改变

心理学家马斯洛认为，当基本需求都得到满足的时候，自我价值的实现便是一个人的最终目标。最容易导致上班族工作倦怠的情况是无任何计划性地去工作。

这是很多人都明白的道理，事物是不断变化的，只有在变化中才能求得发展。许多白领已经习惯于现状，她们惧怕改变，尽管单调如一的生活已经没有了新鲜感，他们的大脑越来越懒惰，他们不愿去想、不敢去想已经在危害着他们身心健康的种种因素。

2. 做优秀职员与做合格家长

公司职员、慈爱父母和孝顺儿女等这些不同的角色都需要一个成熟的女人来“扮演”。工作上的压力已经很大，回家之后难免会带有工作情绪，使家庭幸福受到影响。众多的角色集于一身，可以说每一个角色都是责任，都有压力，当承受不了时，其冲突也就发生了。因此，家庭事业顾此而失彼，这是许多职场女性的头痛的问题。

3. 关怀与维护自尊

社会在进步，科技在发展，企业的人力资源也在不断地优化，员工的个体价值也得到更大限度的开发。但企业使用了先进的管理措施和高级的技术设备，使人处于不停的忙碌状态，进而减少了相互交流的时间和空间。特别是有了一定地位的白领阶层，她们更是放不下所谓的面子，很少主动与人交流。大家都相互压抑着自己，尽管都渴望得到别人的关心，希望多些可以分担忧愁的朋友，但问题是我们把自己包裹得太紧了，总认为这样才是最安全的。

4. 保住工作与忍受骚扰

“性骚扰”已不再陌生，尤其在办公室里，年轻的白领女性常常为此而大大伤透了脑筋。

找到了一个喜欢的工作且收入也过得去的工作不容易，可是却有一个令人作呕的环境，何去何从，很多女性常因为这个问题左右为难……

幸福女人的心灵处方

1. 要学会做自己的主人

大多的职场女性都在抱怨太累了，每天只能是工作，把命卖给公司了，没有一点自己的时间与想法。其实只要你能有自己明确的目标和理想所在，整个人会年轻起来，心中也充满朝气。让自己敢想，敢于去做，勇于改变，那你就会在职场潇洒地遨游。

2. 转移情绪，消除怨气

良好的心态是生活快乐的秘诀，心理学家告诫：先处理心情再处理事情，不要带着怒气去工作和生活。再聪明的人也会因为情绪不良而失败，做一个情商高的人不是什么难事，只要你每天注意那么一点点就行。回到家前先告诉自己笑一笑；周末放下所有负担，和家人一起逛逛公园；生气的时候伸个懒腰，站起来走走；经常换不同的衣服穿……有心的人永远会快乐，生气是拿别人的错误惩罚自己。

3. 和和睦睦万事兴

在公司里活得最不开心、工作做得最差的往往是那些人缘不好的员工。新员工学历傲人，唯我独尊；老员工资历不浅，心中不服……事业一筹莫展的人总想和别人比个上下高低，但是这样只会伤害了同事之间的关系。古人云：退一步海阔天空，何不聪明一点搞好同事关系呢？给自己创造良好的人际环境就是为自己积累财富。著名心理咨询专家唐汶告诫大家，做人要把握以下“五不”原则：倚老不卖老；弹性不固执；幽默不伤人；关心不冷漠；真诚不矫情。所以放下架子吧，这样你就有了成功的基础。

4. 增强自我保护意识

在办公室里，许多白领女性往往缺乏保护自己的意识，面对自己的男同事或上司缺少防范的意识，其实只要有敏锐的感觉你就一定能识破不良的意图。在职场中，职业女性无论从穿着还是从言行举止都要得体有分寸，不要给别人传达错误的信息；不要因为不好意思而接受有所意图的邀请；面对存在的骚扰要有坚决拒绝的态度。女性是一个独立自强的群体，不是男人的宠物，在职场中你和男人是平等的。

相信聪明的你会调节好自己的心理状态，能在职场中寻找到新鲜的水源，做条自由欢快的鱼。

对工作的恐惧和担心

市场经济发展到今天，竞争可谓无处不在。除了市场上的商业竞争，职场上的也是如火如荼。在这样的大环境下，许多心理素质稍差的人，便因为害怕事业而使陷入了极度的恐慌之中。虽然有时也知道这种恐惧没有什么太大的意义，但一想到要失业或要从事某种有挑战性的职业时仍控制不住恐惧、害怕。这时人们会极力回避所害怕的事，无法逃避也就只好带着十分的畏惧去忍受职场现实的考验。

特别是那些衣着光鲜的白领们，或许是出于面子上的原因，她们大多都不愿承认自己内心的恐惧，就是等到夜深人静，她们在床上辗转反侧、无法入眠时，还是不知道是内心的恐惧感使然。

经过一番走访调查，我们发现，每个职业恐惧者虽然各有各的具体情况，但其中有一个共同的原因：即她们都遇到一些诱发恐惧的现实事件，比如晋升考试、自己不太擅长的工作任务或者是过于繁重的工作任务。

其实很多人在面对一项新的挑战时，内心都会有一定的焦虑反应，只要不至于引发其他方面的异常反应，都是正常的，它意味着个体已调动自己进入竞技状态。但为什么有的人会出现过度焦虑甚至恐惧呢，这与个体的既往经历不无关系，即恐惧是一种条件反射，也就是说如果某些无害的事物或情境与令人害怕的刺激多次重叠出现，便很快或逐渐形成条件反射，使无害的物体或情境也成为令人害怕的对象。对于害怕失业者而言，如果他以前有过类似的失败经历，如考试失败、失恋、甚至失业等遭遇，在这些事件的反复刺激下，当他一想到有可能失业，再次体验失败时，就会有出现焦虑恐惧。

如果有一天你染上了职业恐惧症，你的精神上会产生恐慌、害怕、心烦、紧张甚至觉得大难临头，有窒息感、濒死感。因为害怕而在行为上回避某些事、某些人、某些场景。有时候可能会用一些不利于健康的方式缓解恐惧焦虑，如酗酒、吸毒、滥交等，其目的是假借外物（外人）缓解焦虑，但这些行为的效果却是犹如抱薪救火，薪不尽火不灭，使焦虑和恐惧愈演愈烈。

然而，这仅仅是个开始，如果不加以控制，更可怕的事情就会发生——焦虑恐惧开始吞噬你的健康。开始的时候是你的身体上开始出现多种不适感，如肠胃功能紊乱，腹痛胃胀，食欲减退；心慌憋气、胸闷气短，甚至呼吸困难；泌尿系统有小便频繁症状；睡眠障碍，具体为入睡困难、睡眠表浅，易惊醒，或被噩梦所困；性功能也会受影响，致使性欲减退。另外还可能有满脸通红、手抖、出汗等表现。

幸福女人的心灵处方

由于中国女性天生内敛、含蓄的性格，不善于表达自己，很容易产生恐惧和排斥的心理。此时不要担心，更不要以为自己患了什么社交恐惧症。引起这些的原因有可能是你对自己不够自信，教你几个小方法，问题就会迎刃而解了。

（1）不否定自己，不断地告诫自己，在心中默念："我是最棒的"，"天生我材必有用"。

（2）凡事不要苛求自己，能做到什么地步就做到什么地步，只要尽力了，不成功也没关系。

（3）不要总是回忆不愉快的过去，过去的就让它过去，没有什么比现在更重要的了。

（4）友善地对待别人，把助人看作快乐之本，在帮助他人时能忘却自己的烦恼，同时也可以证明自己的价值存在。

（5）找个倾诉的对象，有烦恼或心结的时候一定要说出来的，找个可信赖的人说出自己的烦恼。这个人不一定就能帮助你解决问题，但至少可以让你发泄一下。要知道，长期压抑和控制自己会让你的情绪更低落。

（6）每天给自己10分钟的思考时间，不断总结自己才能有足够的精力和信心面对新的问题和挑战。

（7）到人多的地方去，让不断过往的人流在眼前经过，试图给路过的每一个人微笑。

孕产期的心理疾病

对于女人来说，在怀孕期间，无论是在生理还是心理上，都是一个非常敏感的时期。关于生理上的话题，女性朋友们应该很熟悉了。在这里，我们重点要说的是长期以来被大家所忽视的孕产期的心理问题。女性在孕产期，常见的心理障碍多为焦虑与抑郁，并且主要是围绕丈夫和孩子。有位孕妇说："我丈夫回家较晚我就怀疑他有对不起我的事，虽然我也知道他不会，但我不能控制自己，只要他回来晚了我就坐立不安。"

孕妇在生产后多会出现情绪低落的现象，这是因为在产后由于雌激素水平大落，有一项调查说约有70%产妇在产后1周之内出现了委屈、爱哭等心理异常。产后第1个月时抑郁的发生率约在10%左右，到产后一年发生率可达20%。主要表现为：无故焦急、悲伤、不安、烦躁、冷漠、失眠、性欲下降等。

另外，由于暂时无法查明的原因，约有千分之一的产妇可能发生精神病。这种现象常在产后数日内就发病，需按精神病治疗，多数治疗后情况较好。

最后，妇科以及心理学方面的专家们联合提出建议：孕妇平时一定要多注意自己的情绪问题，多看一些能让身心感到愉悦的书，听听舒缓的音乐，以转移对这个问题的注意力。同时还建议她们多做积极的心理暗示："我按照医生的建议做检查了，既然一切正常，就说明没有问题，不用再多想了。即便真有问题，我也已经尽力了，我不后悔。"医生说，经常这样想，就能够将心态放平和，不会整日忧心忡忡了。

幸福女人的心灵处方

（1）女性要加强自我保健，注意孕前就调整好身心状态，做好充足的怀孕心理准备，积极防治焦虑症的发生。

（2）要做好怀孕以后出现妊娠反应的心理准备。事实证明，有心理准备的孕妇与没有心理准备孕妇相比，前者的孕期生活要顺利从容得多，妊娠反应也轻得多。有了这样的心理准备，孕前孕后生活是轻松愉快的，家庭也充满幸福、安宁和温馨，胎儿会在优良的环境中健康成长。

（3）在怀孕的过程中，孕妇要尽量放松自己的心态，及时调整和转移产生的不良情绪，如夫妻经常谈心，给胎儿唱唱歌、共同欣赏一部喜剧……

（4）生活规律、饮食科学，保持良好的生活方式。生活和行为方式是受心理支配的，有了足够的思想准备，才能有意识地调整自己的行为方式，使之适应优生胎教的需要。

（5）了解体育活动对调节心理状态的积极意义。适当参加体育锻炼和户外活动，放松身心。无论是孕前、孕后女性都要有适当的体育活动。到了妊娠中晚期，孕妇的体形变得臃肿、沉重，这时候许多孕妇懒于活动，整天呆在室内，这是不科学的。可根据自身实际情况，选择适宜的运动，尽可能多做些户外活动，这样有利于血液循环和精神内分泌的调节，还可放松紧张与焦虑的心态。积极的体育活动能振奋精神，最终有利于胎儿的正常生长发育。

善用积极心态，克服恐惧心理

世界上有没有影视片里演的那种从不知道什么叫害怕的人？严格地讲，没有。关于“害怕”，也就是恐惧，心理学上是这样定义的：它是人类一种正常的情感成分，它反应的是一种具有自我防护回避危害保证生命安全的心理防卫功能，人皆有之。例如人们对黑暗和高空都可能产生恐怖性回避反应。儿童、女性以及其他一些心理缺陷者，恐惧心理尤为明显。尤其女性人群中性格偏内向、胆小依赖性强的人，更易患恐惧症。

心理学研究显示，如果某些无害的事物或情境与令人害怕的刺激多次重复出现，便很快或逐渐形成条件反射，使无害的物体可情境也成为令人害怕的对象。对于害怕失业者而言，如果他以前有过类似的失败经历，如考试失败、失恋、甚至失业等遭遇，在这些事件的反复刺激下，当他一想到有可能失业再次体验失败时，就会出现焦虑恐惧。

如果你不幸被恐惧俘获，精神上会产生恐慌害怕心烦紧张甚至觉得大难临头，有窒息感，濒死感。因为害怕而在行为上回避某些事，某些人，某些场景。有时候可能会有一些不利健康的方式级解恐惧焦虑，如酗酒，吸毒等，其目的是假借外物（外人）缓解焦虑，但这些行为的效果却是犹如抱薪救火，薪不尽火不灭，结果使焦虑和恐惧愈演愈烈。

更可怕的是恐慌开始催损你的身体。睡眠障碍，食欲减退，胸闷气短甚至呼吸困难等。

幸福女人的心灵处方

如果你有恐惧症的倾向，也不要害怕，我们给你大概地讲一下这种心理障碍的应对方法，只要你处理得当，就不必过于担心。

（1）科学的心理干预治疗。恐惧症的心理治疗主要分为行为疗法和认知疗法两种。

①行为疗法主要采用系统脱敏法。所谓系统脱敏法也称缓慢暴露法，是一种常用的行为治疗方法。其基本原则是交互抑制，即每次在自己引发焦虑的刺激物出现的同时，做出抑制焦虑的反应，这种反应就会削弱，最终切断刺激物同焦虑反应间的联系。采用系统脱敏法治疗恐惧症要求有计划、有目的地指导、鼓励自己去接触那些产生恐惧的人群、事物或情境，即使暂时会产生恐惧，也要忍受和适应，直到恐惧情绪全部消失为止。

②认知疗法是通过解释、疏导，让自己明白之所以对某种物体、情境或人恐惧，是因为自己主观意念所致。如社交恐惧，就是自己的一种强迫性的消极观念占上风，总担心与别人谈话、交往，别人会嘲笑或看不起自己，不管事实上是否真如此，总觉得很不自在、很尴尬、很恐慌。所以，要消除恐惧症，就要勇敢地面对引起恐怖的事物，学会控制、调节自己的恐惧情绪。

（2）认识客观世界的某些规律，认识人自身的需要和客观规律之间的关系，确立正确的目标判断，提高预见力，对可能发生的各种变故做好充分的思想准备，就会增强心理承受能力。

（3）要培养乐观的人生情趣和坚强的意志，通过学习英雄人物的事迹，用英雄人物勇敢顽强的精神激励自己的勇气。在平时的训练和生活中有意识地在艰苦的环境下磨炼自己，培养勇敢顽强的作风。这样，即使真正陷入危险境地，也不会一时就变得惊慌失措，而是沉着冷静，机智应付。

（4）平时积极参加各种训练，提高各项心理素质。比如：进行历险模拟训练，设置各种可能遇到的险情，进行有针对性的心理训练，形成对险情的预期心理准备状态，就能够有效地战胜紧张和不安等不良情绪，提高心理适应和平衡性，增强信心和勇气，以无畏的精神克服恐惧心理。

可怕的不是事业失意，而是心灵失控

有媒体报道称，一位年仅24岁公司女职员，她曾是一位非常优秀的学生，毕业后即进入公司工作，但不知什么原因，长期以来一直没能得到得到公司重用，她每天惟恐这种状况延续下去自己可能被公司炒鱿鱼，终于不堪压力，徘徊再三之后，毅然从公司大楼的20层跳下。

女职员跳楼事件让人震惊，也引发了社会上多方讨论。导致悲剧上演的原因是多方面的，如果公司能多关心一下新员工的心理变化、行为表现，也许惨剧就不会发生。假如女职员能够适当地进行心理调适，从积极的角度去看待问题，悲剧也不会上演。

所以从心理健康的角度来说，可怕的不是事业失意，而是心灵的失控。

对于所有在职场上摸爬滚打的人来说，事业上的失意已经让人很痛苦了，而由此引发的的健康隐患就更是雪上加霜。很多人因此伴生出诸多心理、生理上的病症：其内在表现是焦虑、惶恐，不知所措；外在表现则是没有精神、心烦气燥、忧郁、自闭。

欧洲一家权威的科研机构研究发现，一个人如果在生活与工作中常常失意，容易导致中风发生。他们还发现，若为一个自己不喜欢的老板工作，不仅会带来精神上的不快，还容易影响身心健康。研究人员为28名关注自身健康的职员进行了数日血压测定，结果显示，那些认为上司不公或不讲道理的雇员，在与上司打交道时血压显著升高。

另外一项研究成果则证实，那些不受人尊敬和信赖、偏听偏信的上司最容易引起雇员血压升高。尽管短暂的血压升高并不算什么大问题，但如果在工作中一直处于高血压状态，心血管系统就很可能受到损害，具体表现为冠心病发病风险上升16%，中风的危险上升38%。此外，研究还发现对不喜欢的上司或同事忍气吞声容易引起头痛。精神长期处于紧张状态，是一些头痛患者的主要病因。

幸福女人的心灵处方

（1）不必事事苛求公平。人的心理常常受到伤害的原因之一，就是要求每件事都应当公平。其实世界根本就没有绝对的公平可言的，相信知道太平天国的人肯定能明白，平均主义是行不通的，既然这样，那就没有绝对的公平。所以凡事不要斤斤计较。

（2）适当排压。当压力大时，你总会带上自我情绪，这样就导致了事情更加雪上加霜。可以减缓一下注意力，或看一些悲情影片，如《当男人爱上女人时》，看到动情处不防哭出来，之后你会感到这幸亏不是现实。自己也不很惨。

（3）可以用自嘲的方式，也称阿Q精神。工作上失意，或许并不是一种绝对的坏事，它可给你一些启迪，或让你早作出一些决定，或许会早日到达人生的顶峰。也可以拓宽心境，做人能屈能伸。

（4）找几个知心朋友把自己的失意倾诉出来，或许朋友会有办法让你在职场上转败为胜。即使他只是一个听众，那心中的失意感以及由此所带来的压抑，已经发泄出来了。你可以有一个良好的心态去面对明天的高质量生活。

（5）培养广泛的兴趣爱好，这个当工作上有失意的事情时，你可以转移注意力，不致于自己时时刻刻都在被烦心的失意包围。即使工作失意了，你还有别的生活的乐趣。

（6）乐观幽默的心态。有了这种心态，你可以使自己和周边的人都处于快乐的心情，久而久之，会使自己事事做起来都得心应手，身边的朋友也愿意与你接触。良好的人际是成功的必要条件，那么你的工作上失意，相信也能得到较好的处理。

厌食症——美丽的天敌

许多人以为厌食症应该属于生理上器质性的疾病，因而不加以重视。其实不然，厌食症更多地属于心理与精神方面的异常，在临床上以10～30岁的年轻女性居多，也有约十分之一的患者为男孩和年轻男子。沿海发达地区所做的一项调查显示，有厌食症及暴食症症状或倾向的人约占一成，而较严重的厌食症及暴食症的诊断人士约有3%。其他年龄层或因职业需要而要维持体重的人也有可能产生厌食症，如演员、舞者、模特儿等都有较高的罹患率。此病患者多出现于较富裕的家庭。

遗憾的是，神经性厌食症的具体病因到目前为止仍不明确。相关的致病因素，可分为以下几个方面。

（1）个体的心理素质。这类患者常常争强好胜，做事尽善尽美、追求表扬和赞美，自我中心，神经质；而另一方面又常表现出不成熟、不稳定、多疑敏感，对家庭过分依赖，内向，害羞等。

有研究发现，本病的发生可能与某些遗传素质有一定的关系。

（2）神经系统方面的功能异常。神经性厌食症患者存在明显的下丘脑功能异常的表现，如月经紊乱或闭经；血液中甲状腺素水平低；食欲及进食量的异常，情绪低落或烦躁等。

（3）社会心理因素。青春期，女孩伴随第二性征发育而来的是日益丰腴的体形。对此，容易产生恐惧不安，羞怯感，有使自己的体形保持或恢复到发育前“苗条”的愿望。青春期是神经性厌食症发病率最高的时期。

在现实生活中，一个不容忽视的现象是，社会观念左右着我们关于胖瘦美丑的标准。特别是在文明和发达的社会中，广泛存在着一种以瘦为美的认识误区。这就是为什么二十多年来社会文明及生活水平不断提高，而以消瘦为特征的神经性厌食症患病率却呈明显的逐步上升趋势，尤其在某些职业中，如芭蕾舞演员、时装模特中，该症的患病率是普通人群（同龄）的3—4倍。

另外，神经性厌食症多来自于社会地位偏高或经济较富裕的家庭；城市人群的患病率高于农村人群；在城市中，私立学校的女生患病率高于普通学校。

对于神经性厌食症的预防措施，有以下几项：

（1）情绪预防。本病青春期女性发病较多，表明这一时期性格的不稳定，易受外界刺激，或家中不睦，父母之间的矛盾，家中亲友重病或死亡者，或在学校学习成绩意外的受挫折者等等，均易发生本病，因此保持精神的乐观、心胸开阔是至关重要的。

（2）进行正确的人体美教育。少数病例对进食与肥胖体重具有顽固的偏见与病态心理，以致出现强烈的变胖恐惧而节制饮食，保持所谓体形的“美”，因此对正确的健康的“美”的教育，也是不可少的。

（3）劳逸结合。合理安排学习和生活，使脑力劳动与适当的体质锻炼、体力劳动相结合，适当安排娱乐活动与休息，可以防止因过分劳累引起下丘脑功能的紊乱。

幸福女人的心灵处方

（1）对厌食症的心理治疗包括疏导心理压力，对环境、对自己有客观认识，找到适应社会的角度及处理和应付各种生活事件的能力。另外，对健康体魄的概念，标准体重的意义，对自己的身体状况有客观的估价。了解食物、营养学方面的知识。如果你的家庭关系紧张，必要时可请家人做家庭心理治疗。

（2）行为矫正是心理治疗的另一类型，主要是体重恢复，可控制自己的活动范围及活动量，随着体重的增加，逐步奖励性地给予活动自由，这种方式一般要在医院中当患者体重极低时采用。

（3）要注意补充营养，纠正营养不良。严重的营养不良可有生命危险。神经性厌食症病人在严重营养不良状态下，死亡率可高达10%，因而必须紧急抢救治疗。这时的治疗为纠正水电解质的平衡，补充血钾、钠、氯，并进行监测。血浆蛋白低下时，静脉补充水解蛋白、鲜血浆等。贫血应补充铁，服叶酸，补足维生素等。

如果你有厌食症，并长期不进食，胃肠功能极度衰弱，因此进食应从软食、少量多餐开始逐渐增加，不能急于求成；适当给予助消化药：胃酶合剂、多酶片、乳酶生等，或针灸治疗，也可用小量胰岛素促进食欲及消化功能恢复。

让虚荣不再得到你的爱慕

电视广告上经常说：哪个女人不爱美？其实从另一个角度也可以这样说：哪个女人不虚荣？女人生来就是虚荣的动物，这一点已经得到了很多人的认同。在心理学中，虚荣是这样定义的：虚荣心理是指一个人借用外在的、表面的或他人的荣光来弥补自己内在的、实质的不足，以赢得别人和社会的注意与尊重。如果更深入的研究，我们就会发现，这是一种很复杂的心理现象。法国哲学家柏格森曾经这样说过："虚荣心很难说是一种恶行，然而一切恶行都围绕虚荣心而生，都不过是满足虚荣心的手段。"

中学课本上学过莫泊桑的短篇小说《项链》，回想起来，总有一个疑问挥之不去：玛蒂尔德为了能在舞会上引起注意而向女友借来项链，最后在舞会取得了成功，但却乐极生悲，丢失了借来的项链，由此引起负债破产，辛苦了十年才还清这一条项链带来的债务。 玛蒂尔德真够可怜的，为了一条项链，付出了沉重的代价，最后还被告知借来的项链是假的，真是一个莫大的讽刺啊！造成这一悲剧的主观原因却是她自己——因为爱慕虚荣。莫泊桑深刻描写了玛蒂尔德因羡慕虚荣而产生的内心痛苦："她觉得她生来就是为着过高雅和奢华的生活，因此她不断地感到痛苦。住宅的寒碜，墙壁的黯淡，家具的破旧，衣料的粗陋，都使她苦恼……她却因此痛苦，因此伤心……心里就引起悲哀的感慨和狂乱的梦想。她梦想那些幽静的厅堂……她梦想那些宽敞的客厅……她梦想那些华美的香气扑鼻的小客室。""她没有漂亮服装，没有珠宝，什么也没有。然而她偏偏只喜爱这些，她觉得自己生在世上就是为了这些。”

这就是女人的虚荣心。

心理学研究证实，自尊心过强的人易产生虚荣心理。每个人都有维护自尊的需要，每个人都喜欢听恭维、赞扬的话，这在一定程度上是人的本性的显现。如果一个人的自尊心过于强烈，渴望获得别人对自己的重视、尊重和赞扬，而自身又缺乏过人之处，不具备足以令人称道的实力，就不得不寻求其他手段，以此满足自尊的需要。在此过程中，虚荣心理的产生在所难免。

私心过重的人容易产生虚荣心理。私心过重的人会时刻考虑个人的利益得失，总希望自己时时处处胜过别人、超过别人。为了达到这一目的，常常煞费苦心地营造或借用本来不属于自己的、虚假的荣誉来掩饰个人的缺陷和不足，以提高自己，显示自己的“过人之处”。

缺乏自信的人容易产生虚荣心理。虚荣心理的产生往往是那些缺乏自信、自卑感强烈的人进行自我心理调适的一种结果。某些缺乏自信、自卑感较强的人，为了缓解或摆脱内心存在的自惭形秽的焦虑和压力，试图采用各种自我心理调适方式，其中包括借用外在的、表面的荣耀来弥补内在的不足，以缩小自己与别人的差距，进而赢得别人对自己的重视和尊敬，虚荣心便由此而生。

处于特定社会文化环境中易产生虚荣心理。在人际交往中注意“脸”和“面子”，是中国人长期形成的一种社会心理。所谓“脸”，是一个人为了自我完善而通过形象整饰和角色扮演在他人心目中形成的特定形象；所谓“面子”，则是一个人在社会人际关系中依据对“脸”的自我评价，估价自己在别人心目中所应有或占有的地位。所以，“脸”和“面子”代表着人的荣誉和尊严。一个人要想有脸面，必须先成就大事，通过他的不平凡的作为而获得人们的赞同，形象才会随之高大起来。

前不久在某论坛看过一篇贴：“浮华背后：上海女人的虚荣心”，说的是月收入不过2000—3000元的一些上海女人，却会攒下半年的工资去专卖店买一个路易·威登的包，然后拎着这个包去挤公共汽车，走路上下班。看完这篇帖，我有点为上海女人抱不平，这样的例子对女人来说再平常不过了，难道其他地方的女人就没有虚荣心吗？

所谓虚荣心，从心理学角度来说是一种追求虚表的性格缺陷，是一种被扭曲了的自尊心。在社会生活中，人人都有自尊心，都希望得到社会的承认，但虚荣心强者不是通过实实在在的努力，而是利用撒谎、投机等不正当手段去渔猎名誉。

虚荣心的产生跟自尊心有极大的关系。自尊心强的人，对自己的声誉、威望等等比较关心；自尊心弱的人，一般对这些都不在意，但也不能因此就认为，虚荣心强的人一般自尊心强。因为自尊心同虚荣心既有联系，更有区别，虚荣心实际上是一种扭曲了的自尊心。人是需要荣誉的，也该以拥有荣誉而自豪的。可是真正的荣誉，应该是真实的，而不是虚假的，应该是经过自己努力获得的，而不是投机取巧取得的。面对荣誉，应该是谦逊谨慎，不断进取，而不是沾沾自喜，忘乎所以。可见，当人对自尊心缺乏正确的认识时，才会让虚荣心缠身。

虚荣心理，其危害是显而易见的。其一是妨碍道德品质的优化，不自觉地会有自私、虚伪、欺骗等不良行为表现；其二是盲目自满、故步自封，缺乏自知之明，阻碍进步成长；其三是导致情感的畸变。由于虚荣给人的沉重的心理负担，需求多且高，自身条件和现实生活都不可能使虚荣心得到满足，因此，怨天尤人，愤懑压抑等负性情感逐渐滋生、积累，最终导致情感的畸变和人格的变态。严重的虚荣心不仅会影响学习、进步和人际关系，而且对人的心理、生理的正常发育，都会造成极大的危害。所以女人要努力克服虚荣心理。

（1）端正自己的人生观与价值观。自我价值的实现不能脱离社会现实的需要，必须把对自身价值的认识建立在社会责任感上，正确理解权力、地位、荣誉的内涵和人格自尊的真实意义。

（2）改变认知，认识到虚荣心带来的危害。如果虚荣心强，在思想上会不自觉地渗入自私、虚伪、欺诈等因素，这与谦虚谨慎、光明磊落、不图虚名等美德是格格不入的。虚荣的人外强中干，不敢袒露自己的心扉，给自己带来沉重的心理负担。虚荣在现实中只能满足一时，长期的虚荣会导致非健康情感因素的滋生。

（3）调整心理需要。需要是生理的和社会的要求在人脑中的反映，是人活动的基本动力。人有对饮食、休息、睡眠、性等维持有机体和延续种族相关的生理需要，有对交往、劳动、道德、美、认识等的社会需要，有对空气、水、服装、书籍等的物质需要，有对认识、创造、交际的精神需要。人的一生就是在不断满足需要中度过的。在某种时期或某种条件下，有些需要是合理的，有些需要是不合理的。要学会知足常乐，多思所得，以实现自我的心理平衡。

（4）摆脱从众的心理困境。从众行为既有积极的一面，也有消极的另一面。对社会上的一种良好时尚，就要大力宣传，使人们感到有一种无形的压力，从而发生从众所为。如果社会上的一些歪风邪气、不正之风任其泛滥，也会造成一种压力，使一些意志薄弱者随波逐流。虚荣心理可以说正是从众行为的消极作用所带来的恶化和扩展。例如，社会上流行吃喝讲排场，住房讲宽敞，玩乐讲高档。在生活方式上落伍的人为免遭他人讥讽，便不顾自己客观实际，盲目跟风设计，打肿脸充胖子，弄得劳民伤财，负债累累，这完全是一种自欺欺人的做法。所以，女性要有清醒的头脑，面对现实，实事求是，从自己的实际出发去处理问题，摆脱从众心理的负面效应。

让忙碌充实你的空虚心理

没有事情可做的时候，人就会感到空虚，这看似正常的心理活动，如果处理不好也会给身心带来严重的后患。空虚心理的存在极为普遍，可以说是一种社会性的疾病，既然是病，肯定有危害，具体的表现为，一个人没有追求，没有寄托，没有精神支柱，精神世界一片空白。空虚的心理，可来自对自我缺乏正确的认识，对自己能力过低的估计，终至整天忧郁，思想空虚；或是因自身能力和实际处境不同步，陷入“志大才疏”或“虎落平川”的窘境中，常常感到无奈、沮丧、空虚；或是对社会现实和人生价值存在错误的认识，以偏概全地评价某一社会现象或事物，当社会责任与个人利益发生冲突时，过分地讲求个人的得失，一旦个人要求得不到满足，就心怀不满，“万念俱灰”；或是因退休、下岗、失恋、工作挫折、投资失误、经济拮据等导致失落困惑感使然。

“人生不如意十之八九“，一句话把人这一辈子的坎坷描绘地淋漓尽致。在这个熙熙攘攘的世界中立足，谁都不会总是一帆风顺，难免会碰到不顺心不如意的事情，也就必然会有喜、有忧、有得、有失。人，要有点精神，要有所追求，要有精神支柱，要有一种献身精神。

这个世界有太多的我们无以言表的无奈，要想开心而充实地度过此生，这就要求人们要面对现实，面对生活，“不以物喜，不以己悲”。无论在什么地方，做什么事情，遇到什么问题，都应该沉着冷静，保持良好的心理，实事求是地应对一切。人老了，退休了，还可奉献余热；下岗了，再求职，作为人生拼搏的第二起点；工作受到挫折，投资失败了，要汲取教训，总结经验，审时度势，东山再起，将其视为成功的“奠基石”。总之，不要灰心，不要气馁，充实自我，战胜空虚，就一定能迎来精神和事业上的光明。

有人说，一个人的躯体好比一辆汽车，你自己便是这辆汽车的驾驶员。如果你整天无所事事，空虚无聊，没有理想，没有追求，那么，你就会根本不知道驾驶的方向，就不知道这辆车要驶向何方。这辆车也就必定会出故障，会熄火的。这将是一件可悲的事情。

幸福女人的心灵处方

（1）转移目标。当某一种目标难以实现，受到阻碍时，不妨转移目标，如除了学习或工作以外培养自己的业余爱好（绘画、书法、打球等），使困扰的心平静下来。当有了新乐趣后，就会产生新的追求，有了新的追求就会逐渐完成生活内容的调整，并从空虚状态中解脱出来，去迎接丰富多彩的生活。

（2）及时调整生活目标。空虚心态往往是在两种情况下出现的：一是胸无大志；二是目标不切实际，使自己因难以实现目标而失去动力。因此，摆脱空虚必须根据自己的实际情况，及时调整生活目标，从而调动自己的潜力，充实生活内容。

（3）忘我地工作。劳动是摆脱空虚极好的措施，当一个人集中精力、全身心投入工作时，就会忘却空虚带来的痛苦与烦恼，并从工作中看到自身的社会价值，使人生充满希望。

（4）求得朋友支持。当一个人失意或徘徊之时，特别需要有人给以力量和支持，予以同情和理解。只要获得朋友家人的支持，你就会很容易地摆脱空虚和寂寞。

（5）读几本好书。读书是填补空虚的良方，读书能使人找到解决问题的钥匙，使人从寂寞与空中解脱出来。读书越多，知识越丰富，生活也就越充实。

猜疑：你总是很多心

猜疑是一种心理现象，是由缺乏“自我安全感”引起的。猜疑对某种表面现象，或是从某一假想出发，没有把握地进行判断和推理，处处神经过敏，事事捕风捉影，对他人失去信任，对自己也同样心生疑窦。长此下去，既损害正常的人际关系，又影响个人的身心健康。

猜疑心重的人往往整天疑心重重、无中生有，每每看到别人议论什么，就认为人家是在讲自己的坏话。猜忌成癖的人，往往捕风捉影，节外生枝，说三道四，挑起事端，其结果只能是自寻烦恼，害人害己。猜疑心理是人际关系的蛀虫，既损害正常的人际交往，又影响个人的身心健康。

心理学认为，猜疑是一种不良的心理品质，相较于男人而言，女人的猜疑心理普遍地要重一些。猜疑心理障碍一经产生，其消极作用是显而易见的，它既会影响内部团结，又会影响自己的情绪，有损心理健康，并且还可能引起一系列的错误行为，给自己的工作和生活带来不良的后果。

因此，不要随便地去猜疑别人，要豁达大度，与人坦诚相见，注意沟通，相互了解，彼此信任，发展情谊，创造和睦，建立信任和真诚，消除猜疑和忧心。

首先我们要认清楚猜疑心理的产生原因，概括地讲，主要有四方面：

（1）不良的心理品质。猜疑心理重的人通常也是狭隘自私、自尊心过强、嫉妒心强烈的人。

（2）受流言蜚语的影响。听信谣言，也会产生猜疑心理。

（3）错误的思维定势。喜欢猜疑的人，总是以某一假想目标为起点，以自己的一套思维方式，依据自己的认识和理解程度进行循环思考。这种思考从假想目标开始，又回到假想目标上来，如蚕吐丝作茧，把自己包在里面，死死束缚住。

（4）相互间缺乏信任。一个人对别人越缺乏信任，产生猜疑心理的可能性也就越大。

生活中我们常会碰到一些猜疑心很重的人，他们总觉得别人在背后说自己坏话，或给自己使坏。有时我们自己也喜欢猜疑，看到别人说笑，便以为他们在议论自己，心里就不痛快起来。喜欢猜疑的人特别注意留心外界和别人对自己的态度，别人脱口而出的一句话，他很可能琢磨半天，试图发现其中的“潜台词”。这样他便不能轻松自然地与人交往。久而久之，不仅自己心情不好，也影响到人际关系。

猜疑的人通常过于敏感。敏感并不一定是缺点，对事物敏感的人往往有灵气，有创造力，但如果过于敏感，特别是与人交往时过于敏感，就需要想办法加以控制了。

猜疑，似一条无形的绳索，束缚了人的手脚，使人远离朋友，远离人群。为避免猜疑，交往中一要力求实事求是；二要在猜疑得到证实前，予以“冻结”，不以怀疑为基础，进行“合理推论”。做到这两点，就能从猜疑的枷锁中解脱出来。

幸福女人的心灵处方

（1）用理智力量应对猜疑的心理。当发现自己开始怀疑别人时，应当立即寻找产生怀疑的原因，在没有形成思维之前，引进正反两个方面的信息。现实生活中许多猜疑，戳穿了是很可笑的，但在戳穿之前，由于猜疑者的头脑被封闭性思路所主宰，会觉得他的猜疑顺理成章。此时，冷静思考显然是十分必要的。

（2）进行积极的自我暗示。当自己正想猜疑和已陷入猜疑时，可暗示自己：他们这样做是为了我好，他们的行为是善意的，并无恶意，是我多虑了，我应该向他们表示感谢。

（3）培养自信心。每个人都应当看到自己的长处，培养起自信心，相信自己会与周围人处理好人际关系，会给别人留下良好的印象。

（4）进行思维转移。当自己胡思乱想，瞎猜疑时，可转移思维去想其他美好的人和事物，这样对人会好些。

（5）及时沟通，解除疑惑。猜疑者生疑之后，冷静地思索是很重要的，但冷静思索后如果疑惑依然存在，那就该通过适当方式，同被疑者进行推心置腹的交心。若是误会，可及时消除；若是看法不同，通过谈心，各自的想法为对方所了解，也有好处；若真证实了猜疑并非无端，那么，心平气和地讨论，也有可能使事情解决在冲突之前。

（6）学会使用“自我安慰法”。一个人在生活中，遭到别人的非议和流言，与他人产生误会，没有什么值得大惊小怪的，不要在意别人的议论。这样不仅解脱了自己，而且还取得了一次小小的精神胜利，产生的怀疑自然就烟消云散了。

（7）坚持“责己严，待人宽”的原则。猜疑心重的人，大多对自己要求不高，对别人倒多少有些苛求。如果对别人的要求不那么高，就不会把别人的言行变化看得那么严重，许多无端猜疑就从根本上失去了产生的基础。

学会驾驭自己的愤怒情绪

要想关注别人，首先要管住自己，这句话说起来容易，做起来难，特别是在情绪这方面。如果能很好的驾驭自己的情绪，那就证明你的心理素质已经非常高了。身为一个女人，能有效地驾驭自己的情绪，直接关系你的形象问题，千万不可大意。

现代社会快节奏的生活使人们的精神日益紧张，心理负荷不断增加，人们变得脆弱易怒。从心理学角度看，愤怒是一种情绪，不同的人会有不同的表现方式。有些人易激动，遇到不顺心的事一触即发；有的人会把愤怒压在心底；也有的人此处受气，别处发泄；还有的人自己错了却冲他人发火。这些都不是处理愤怒的好方法。因为人在愤怒时，意志力会变得薄弱，判断力、理解力都会降低，理智和自制力也容易丧失，会在情绪十分冲动的情况下，做出一些不适当的决定以及行动。

但是，引起愤怒的直接“元凶”却不是事件本身。有心理学家认为，人的情绪不是由于某一件事情直接引起的，而是因为经受了这一事件的人对事件的不正确的认识和评价，形成了某种信念，在这种信念的支配下，导致了负面情绪的出现。著名心理医生卡尔·孟宁格说，态度比事实要重要得多。

当你爆发愤怒的情绪时，无论什么原因，不但会使你的肾上腺分泌急速上升，更重要的是，你根本得不到任何益处。用怒气恐吓你的朋友或对手绝不是交流的最好方式。通过控制你的进攻的情绪，你不但能赢得自爱而且还可以提高你的说服力。这样无论你是在同事、朋友还是陌生人面前，你都会知道采取平和态度而不是轻易发火的重要性。这是情绪智商的一个基本原则。

你的愤怒情绪爆发之后，可能你会感觉舒服一些，但是这不应成为生活中的习惯，除非你想和你的朋友们对立起来。所以当我们被烦恼、愤怒、绝望等负面情绪包围时，不仅要从事物本身找原因，更重要的是及时检查自己的态度，看看你是否在用消极的态度评价所发生的事情。

其实，使怒气徘徊不去的正是你自己的消极的思维方式。一旦你意识到愤怒的情绪是源于自己考虑事情的方式，你就能负担得起控制情绪的责任。要知道愤怒心理可引起血压升高，这是正常的生理现象。只要把愤怒的情绪发泄出来，情绪松弛了，血压也就跟着降了下来。如果愤怒的情绪受到压抑，不能自由地发泄出来，情绪上的紧张就不能得以松弛，血压也就一直保持在较高的水平。所以我们需要适当地疏导、宣泄心中的愤怒情绪，而不是积累压抑，长时间压抑对身体健康极为不利！

所以，心里专家建议：①生活中要学会观察周围那些精神愉快的人，你不难发现，他们最为明显的特点是善意的幽默感。让别人开怀大笑，在笑声中品味五彩缤纷的现实生活，是消除愤怒的最佳方法。②努力学会幽默。幽默可以让人觉得生活醇香扑鼻，它是语言的调味品。幽默会使你和其他人都得到生活中最珍贵的礼物——笑。笑声会使你的生活充满阳光。

如果你依然不肯抛弃留存心中的愤怒火种，那么你应以不造成损害的方式来发泄愤怒。以一种更为健康的情感来取代使你产生愤怒的情绪。你很可能会继续厌烦、生气或是失望，但至少你可以消除那种不利精神健康的有害情感——愤怒。

心理专家认为，人们的愤怒情绪大多数是由于沟通不畅造成的。许多时候我们觉得跟与我们直接产生矛盾的人沟通有困难，于是就不再沟通，而采取别的渠道泄愤。但真正成熟和有勇气的做法，是在产生愤怒的地方解决愤怒。比如与上级之间的冲突，与丈夫或者妻子之间的冲突，要尽量找机会心平气和地表达自己的意见。这样尝试后，我们会发现，其实许多愤怒的确是沟通不畅导致的。

心理专家说，愤怒就像是压力锅中的蒸汽，发散不出来就会不停地郁积，直至爆炸。因此，消除愤怒、缓解压抑情绪是对身心健康十分重要的事情。一般情况下，让愤怒情绪发泄出来是较为有效的方法，而最可取的是“降温法”。

愤怒犹如火山爆发。愤怒的人会变得毫无宽恕能力，甚至不可理喻，思想尽是围绕着报复打转，根本不去想会有什么后果。自己的愤怒不仅使家人、朋友和同事远离你，同时也使自己陷入进退两难的境地。让愤怒之火自行消灭，关键还在于自己进行自我心理调节。

幸福女人的心灵处方

（1）用暗示、转移注意法。使自己生气的事，一般都是触动了自己的尊严或切身利益，很难一下子冷静下来，所以当你察觉到自己的情绪非常激动，眼看控制不住时，可以及时采取暗示、转移注意力等方法自我放松，鼓励自己克制冲动。言语暗示如“不要做冲动的牺牲品”，“过一会儿再来应付这件事，没什么大不了的”等，或转而去做一些简单的事情，或去一个安静平和的环境，这些都很有效。

人的情绪往往只需要几秒钟、几分钟就可以平息下来。但如果不良情绪不能及时转移，就会更加强烈。比如，忧愁者越是往忧愁方面想，就越感到自己有许多值得忧虑的理由；发怒者越是想着发怒的事情，就越感到自己发怒完全应该。根据现代生理学的研究，人在遇到不满、恼怒、伤心的事情时，会将不愉快的信息传入大脑，逐渐形成神经系统的暂时性联系，形成一个优势中心，而且越想越巩固，日益加重；如果马上转移，想想高兴的事，向大脑传送愉快的信息，争取建立愉快的兴奋中心，就会有效地抵御、避免不良情绪。

（2）压抑怒火。这是给自己创造思考的时间。但愤怒情绪是不能压抑的，必须疏导、让怒火慢慢并有节制地释放。

（3）采取一些积极有效的措施来控制自己冲动的情绪。首先，调动理智控制自己的情绪，使自己冷静下来。在遇到较强的情绪刺激时应强迫自己冷静下来，迅速分析一下事情的前因后果，再采取表达情绪或消除冲动的“缓兵之计”，尽量使自己不陷入冲动鲁莽、简单轻率的被动局面。比如，当你被别人无聊地讽刺、嘲笑时，如果你顿显暴怒，反唇相讥，则很可能引起双方争执不下，怒火越烧越旺，自然于事无补。但如果此时你能提醒自己冷静一下，采取理智的对策，如用沉默为武器以示抗议，或只用寥寥数语正面表达自己受到伤害，指责对方无聊，对方反而会感到尴尬。

（4）深呼吸。这是让心情平静下来的行之有效的方法，可舒缓冲动情绪。还有一些办法来帮助我们处理自己和别人的愤怒：先意识到自己在生气，然后考虑对方，意识到对方也有生气的权利；此后，察觉自己的感觉，是害怕、愤怒还是自责？很多时候，我们是在用愤怒掩盖很多感觉，识别了这些感觉，才会更有效地处理问题；要控制自己不跟着自己的情绪走，也不跟着对方的情绪走；必要的时候暂时离开，好好冷静一下，走之前告诉对方自己会再回来，冷静后往往会对问题有新的看法，处理问题的方法也会理智得多。

（5）宣泄。当然，在不伤害别人的情况下，你可以通过做某件事情，适当地发泄积在心中的怒气。

（6）独处。这样你的坏情绪影响不到别人，也能让怒火冷却下来。

（7）给自己深思的时间。情绪愤怒时要求自己首先要有一定的时间思考，并从多方面、多角度进行思考。

总之，在情绪愤怒的情况下，一定要多角度、全面地考虑问题，这样才能有效地进行自我心理调节，理智地处理所面临的问题。

让悲观远离

我们已经知道了人生的路并不好走，挫折和失败都是在所难免的。但是有一个问题需要引起我们的重视，就是关于导致失败的原因在多数时候并不是因为我们自身的能力或者客观的条件不具备，而是因为我们的内心。因为遇到一点小困难时，就产生了悲观消极的心理，对成功彻底地失去了应有的信心。

面对同样一件事物，有人看到的是希望，有人看到的是绝望。为什么会有这样的差距呢？究其原因，主要还是因为我们每个人的人生观不同。如果想让生活更加美好，所有的人特别是处于困境中的人，都应该对生活充满信心，积极而乐观地面对生活。乐观是对自身生活能力的自信，它能使人在挫折面前奋勇开拓，踏步向前。而悲观则是一种消极避世的人生观，它使人们沉湎于旧日的失意，迷失在痛苦的回忆中而不能自拔，它使人们在挫折面前一蹶不振，无法面对未来的再次考验。

许多事情的结果，完全取决于你的想法。所以你一定要相信生活是美好的，尽管也有一些伤心和痛苦，但这些都是生活的本色，我们要做的就是勇敢而乐观地面对它们。大家都知道海伦·凯特虽然又聋又瞎，但她却告诉世人："我发现生命是这样美好。"身处困境的她看到了生活的美好，感悟到了生命的价值和真谛。乐观赋予她生活的勇气，使她以不屈的意志和勃然的生机战胜了厄运。我们所熟悉的大作曲家贝多芬，他既有对和平生活向往的《田园》，又有勇往直前的《英雄》，还有向生活，困难挑战的《命运》。他的作品正反映出了他的不幸和对生活的态度。面对失明，失聪，他没有退缩，没有悲观，生活的馈赠激发了他的自强意志，生活的磨难化成了他作品的源泉和灵魂，音乐塑造了一个伟大、乐观、不屈的生命。

去过戈壁滩的人都对胡杨树印象深刻，它活着三百年不死；死了三百年不倒，倒了三百年不朽。飞沙走石中守住了生命的鲜活，孤苦凄然中昂起了信念的不屈。正是胡杨的这种勃然生机使戈壁中的它挺拔出了撼人的大气。大气的人，顶天立地；大气的人生，会像北极星一样璀璨永恒。面对生活，面对困难，我们也应以乐观的态度直视它。

可是生活中总不免有这样一些人，她们遇到一点困难或者挫折，就会埋怨命运对她们是多么的不公，甚至自毁自灭，甘于堕落，这样的例子到处都有。古时有寻世外桃源的，有隐居山林的，有“看破红尘”出家的等等。而今，已无法脱离社会的这类人，就甘愿沉沦，随遇而安，不求进取。这些人是生活的弱者，是懦夫。他们不敢吃苦，贪图安逸，总是幻想着一切都是美好的，他们也只能生活在幻想中。

尼采曾说：“受苦的人，没有悲观的权利；失火时，没有怕黑的权利；战场上，只有不怕死的战士才能取得胜利；也只有受苦而不悲观的人，才能克服困难，脱离困境。”

赫尔岑说：“学会在快乐时微笑，也要学会在困难中微笑。”因为，笑，就是春天的阳光，它能消除人们脸上的冬色。

人的心理活动，可以说没有一刻的平静，忽而兴奋、欢乐，忽而沮丧、消极。情绪乐观的人也有不幸与烦恼，但他们善于排遣解脱。也有的人大部分的生活被消极情绪占领，或哀叹嗟悔、灰心丧气，或牢骚满腹、怨天尤人，而不善于解脱排遣。要摆脱这种悲观情绪，需要个人进行心理的积极调适。

幸福女人的心灵处方

（1）心不可太高，欲望不可太甚。乐观的人常常自我感觉良好，对失败有点可贵的“马大哈”精神。而悲观的人经常焦虑不安，后悔本应做得更好的事未能做好，对别人获得的每一个成就、荣誉都想无条件地取得，这种人最后总是既有无穷的欲望又有无穷的懊悔。

（2）不要制造人际隔阂。别人在背后说自己的坏话，或者轻视、怠慢自己，想想不是滋味，于是以眼还眼，以牙还牙。结果你又多了一个人际屏障。那当然也使你整日诚惶诚恐，不知他人在背后又要搞什么。

正确的方法是：净化自己的诚意，不回避对方，拿出豁达的器量，主动表示友好。这样做，使你找到最利于个人情绪健康的方式。

（3）别盯住消极面。你可能对多少次受到别人的“抢白”和不公正的待遇记得很牢，或你总是对自己说：“我真倒霉，总被人家曲解、欺负。”那你当然没有一刻的轻松愉快。如果你把注意力盯在与别人友善、和好的事物上，并常常告诉自己，误解、敌视毕竟是次要的，并把愉快、向上的事串联起来，由一件想到另一件，你就可以逐步排遣自怨自弃或怨天尤人的情绪。

（4）不要过于挑剔。大凡乐观的人往往是“憨厚”的人，而愁容满面的人，又总是那些不够宽容的人。他们看不惯社会上的一切，希望人世间的一切都符合自己的理想模式，这才感到顺心。挑剔的人常给自己戴上是非分明的桂冠，其实是在消极地干涉他人的人格。怨恨、挑剔、干涉是心理软弱、“老化”的表现。

（5）学会躲避挫折。遇到情绪扭不过来的时候，不妨暂时回避一下。打破静态体验，用动态活动转换惰性只要一曲音乐，会将你带到梦想的世界。如果你能跟随欢乐的歌曲哼起来，手脚拍打起来，无疑，你的心灵会与音乐融化在纯净之中。同样，看场电影，散散步，和孩子玩玩都能把你带到另一个情绪世界。

（6）偶尔也要屈服。如果你出了工伤，只能依靠轮椅行动，那对你无疑是重大的打击。而残疾的身体，往往使人变得浮躁、悲观，但是，浮躁、悲观是无济于事的。你不如冷静地承认发生的一切，放弃生活中已成为你负担的东西，终止不能取得的活动希望，并重新设计新的生活。大丈夫能屈能伸，只要不是原则问题，不必过分固执。

第三章

抑郁是慢性的毒药

精神上的流行性感冒——抑郁症

近来，时不时地会看到媒体上关于抑郁症而自杀的消息报道，对于抑抑郁症相信大家不会太陌生了。抑郁症是一种比较常见的心理异常，它会让患者感到无力应付外界压力，并且常常伴有厌恶、痛苦、羞愧、自卑等情绪。对大多数人来说，抑郁只是偶尔出现，历时很短，很快就会消失；但对有些人来说，则会经常地、迅速地陷入抑郁的状态而不能自拔。当忧郁一直持续下去，愈来愈严重以至于无法过正常的日子，即称为“抑郁症”。

抑郁症并不是由单一的因素引起的心理障碍，而是一种以心境低落为主要特征的综合症，有别于正常的情绪低落，其基本表现是：心境显著而持久的低落，同时伴有相应的思维和行为异常，患者情绪低落，自卑忧郁，甚至悲观厌世，可有自杀企图或行为。

在西方，抑郁症的传播范围及其广泛，甚至被称为“精神上的流行性感冒”，可见其影响之大。在我们国家也并不少见，由于多数国人性格内向，往往不愿透露真实思想，宁愿被抑郁情绪折磨，也不愿向精神病专家进行心理咨询，这就给抑郁症的防治工作带来了困难。

抑郁症作为一种常见的精神障碍，可有下述各种围绕着情感活动的心理障碍表现：沮丧、忧愁、悲伤、情绪波动大，易激动发怒、恐惧、沉默无语、无聊感、情感淡薄、自责、有罪恶感、认为自己是没有价值的人、低估自己能力、缺乏自尊、有严重的挫折感、没有满足感、对事物丧失兴趣、对前途悲观失望、有自杀意念、社交退缩、注意力不集中、犹豫不决、不能控制地回想旧事、健忘、缺乏决断力、意志力明显减低等等。这些都是临床上人们可以轻易观察到的抑郁症患者的心理障碍表现，而从发病过程或病因上来看，心理方面的因素对于抑郁症来说，更具有十分重要的作用，事实上，在关于抑郁症的诸种病因学说中，心理学理论一直占据着十分重要的位置。

我们已经说过了导致抑郁症的因素有很多种，但一般情况下以明显的精神创伤为诱因，比如生活、事业上的坎坷、挫折、人际关系不和等。当然，抑郁症也与人的性格有密切联系，这类人的性格特征一般为内向、孤僻，多愁善感和依赖性强等。抑郁症对人的危害是很大的，它会彻底改变人对世界以及人际关系的认识，甚至会以自杀来结束自己的生命。有学者研究认为，自杀身亡的前苏联著名小说家法捷耶夫、日本著名小说家川端康成、美国著名小说家海明威和台湾女作家三毛等人，身前都患有抑郁症。

鉴于抑郁症的危害之深、受害范围之广，以至于抑郁症被称为当今世界的第一大心理疾病。在人的一生中，有三个时期较易得抑郁症，即青春期的后段、中年及退休后，老年人也常常出现抑郁症。

一般而言，抑郁的产生主要是由于性格原因，所以我们首先要做的事就是改变自己看问题的方式，调整自己的心态。

造成这种情绪上的不良状态，主要与八种心态有关。

（1）自卑心理。有些人总习惯用悲观、消极、绝望的观点看问题，不自觉地具有自卑心理，在自卑的指引下，认为自己处处不如别人。例如当看见别人取得某种成功，就会想“人家有本事，我不能跟人家比”。如果自己遇到挫折，不去从根本上找原因，而是想“我的运气本来就不好”，毫无根据地自怨自艾或愤世嫉俗，导致本来松弛的情绪又开始变得紧张。

（2）自我评价过低。有的人把一般性过失、欠缺、挫折和困难看得过于严重，似乎做了不可挽回的错事。生活中总是过分夸大自己的不足和过低估计自身的长处，做事时常常灰心大于信心。

（3）扩大推理。有的人把自己的不良感觉当成事实的证据。

（4）走极端。这种现象表现为运用非此即彼的方式思考问题，不是白就是黑。这种人一遇挫折便有彻底失败的感觉，进而觉得自身已不具任何价值，失去自信。

（5）以偏概全。认为事情只要发生一次，就会不断重现。生活中遇到困难与不幸，即认为困难、不幸会重复出现。一次恋爱失败，就认为以后也不会找到真心的爱人。

（6）消极思维。有的人遇事总想消极的一面，就像戴了一副变色镜看问题，滤掉了所有的光明，整个世界看起来暗淡无光，都是灰色的。他们常常用一个忧郁的假设支配着自己的思想，对事物只抓住它的消极部分，并牢牢记住。

（7）敏感多疑。有些人无事生非，终日担心自己将大病临头，遇事往往自我断论，主观猜疑，杞人忧天。

（8）自责自罪。有的人总是主动承担别人的责任，并且妄下结论，认为一切坏的结果都是自己的过失和无能所致。比如有些无意中的过失，别人并没有计较，或者早已忘掉了，他们却还会忧心忡忡，担心别人对他们有看法、有成见。这些人过分注意别人脸色，以至遇事束手无策，不敢行事，或者自暴自弃，不能有所进取。此种变形的自卑、内疚心理，来源于人格的变形和过分的责任感及义务感。以上的错误认知，导致了许多人陷入抑郁困境而不能自拔。

再有就是生活中的一些事件、挫折也会导致抑郁，比如患了重病、顽疾，家庭出现了大的纠纷，工作、事业遭到了重大失败等等。

那么，怎样才能通过自我心理调节来消除抑郁呢？所谓自我心理调节，是不依赖心理医生或其他专业人员，自己通过心理调适，自己训练，自我心理保健等方法，消除忧郁，恢复健康的纯心理方法。

幸福女人的心灵处方

（1）目标合理。学会自我称赞，自我欣赏，培养自信，坦然对待不良刺激，以保持情绪稳定，心境良好。如果你充满信心，“结果”就会朝好的方向走。有位成功人士说过这样一句话：“如果你知道要往哪个方向去，世界会为你让出一条路来！”

（2）扩大人际交往。悲观的人周遭大部分都是悲观者，而乐观的人身边亦多为乐观者，因此要想改变命运，你必须要向乐观者学习。不要拘泥于自我这个小天地，应该置身于集体之中，多与人沟通，多交朋友，尤其多和精力充沛、充满活力的人相处。这些洋溢着生命活力的人会使你更多地感受到事物的光明和美好。

（3）自己调节情绪，逐步改善心境，从而使生活重归快乐。要想消除抑郁情绪，首先应该停止对自身及周围世界的埋怨，明确自己的认知错误来源于以感觉作依据来思考问题。因为感觉不等于事实。每当你焦虑抑郁时，切记以下几个关键步骤：

①记录。瞄准那些自然消极的想法，并把它们记下来，别让它们占据你的大脑。

②反思。

③改变思维方式，调整心态。

为客观的想法取代扭曲的认知，彻底驳斥那些让你自己瞧不起自己、自寻烦恼的谬论。一旦开始这些步骤，你就会感到精神振奋，自尊心增强，无价值感就会烟消云散。

要客观评价自己和他人——不妄自尊大，更不妄自菲薄，看清自己的长处，建立自尊，增强自信。不盲目地把自己同别人做比较，不管别人是否比你得到更多的好处，你都不要在意，重要的是自己的感觉。常以积极健康的心态鼓励自己，从中体验到更多的成功和快乐。

要看到事物的光明面——不把事物看成是非黑即白，遇到不愉快的事，要从好处和积极方面着想，以微笑面对痛苦，以乐观战胜困难。

转换不愉快的记忆画面——人的头脑对画面的记忆远胜于文字及言语。为什么过得不快乐？是因为脑海中有不愉快的画面。所以，修改脑中画面，创造活力，就是决定我们幸福人生的关键。一些不愉快的画面，你可以重新定义，发掘里面的主角配角的种种可笑虚伪之处，重新诠释定义，有助于情绪的转换。

（4）学会宣泄。要善于向知心朋友、家人诉说自己不愉快的事。当处于极其悲哀的痛苦中时，要学会哭泣。另外，多参加文体活动、写日记、写不寄出的信等等，都可以帮助消除心理紧张，避免过度抑郁。

（5）饮食疗法。吃糖类食品对脑部似乎有安定的作用，蛋白质则可提高警觉性。要多吃含有必需脂肪酸和（或）糖类的蛋白质的食物，要少避免进食富含饱和脂肪的食物、猪肉或油炸食物。脂肪会抑制脑部合成神经冲动传导物质，并造成血球凝集，导致血液循环不良，尤其是脑部。所以，尽量让自己的饮食可以综合糖类和蛋白质这两种营养素，让脑部活动达到平衡。

（6）多接受阳光及运动。多接受阳光与运动对于抑郁症病人有明显的治疗作用，多活动活动身体，可使心情得到意想不到的放松，阳光中的紫外线可或多或少改善一个人的心情。

（7）养成良好的生活习惯——尽可能地使生活有规律。规律与安定的生活是抑郁症患者最需要的，早睡早起，按时起床、按时就寝、按时学习、按时锻炼等等有规律的活动会简化你的生活，使你有更多的精力去做别的事情，保持身心愉快。而多完成一件事，就会使人多一份成就感和价值感。

俗话说：“心病还需心药医。”心理治疗对抑郁症来说，还是比较合适的。

为什么女人更容易陷入抑郁

一项调查数据显示，在抑郁症的患者当中，女性患者占了相当大的比例。她们眉头紧锁，习惯用敏感的眼神和多疑的心灵去揣摸别人的言行，可遗憾的是等到这种心理把自己的生活搞得一团糟时，她们依然不知道问题究竟出在什么地方。

有一个这样的例子：一个名叫刘佳的女孩，毕业以后参加工作没多久就结婚了，婚后不知怎的，她变得内向而又抑郁，遇事尽往坏处想，并且时不时地自己给自己增加一些莫名其妙的心理压力，生活是异常苦恼。

刘佳有一个朋友许彤，大她很多，且还是单身。许彤常去刘佳家玩，与刘佳丈夫聊得挺投机，每次聊完后，如果晚了，刘佳还会主动让她老公送小张。又一次，刘佳夫妇俩来许彤家里做客，吃完饭后，刘佳让她老公先走一步。之后便向许彤讲了一些空穴来风的话："你是不是爱上我老公了？每次你们聊的那么投机还开心地大笑，你知道我心里什么滋味？我为此流了一年的眼泪。我老公也知道我难过的原因，可他就是坚持自己没错，也不肯改正自己。我都快难过死了，所以今天要找你好好谈谈。"

听得稀里糊涂的许彤缓过劲儿来后只说了一句："你真觉着我和你老公有说不清的东西？在你认识他的三年前我们就是很要好的朋友了，就是因为没有你所认为的那种可能性，我们才保持友谊到今天的。"

虽然话是如此说，但许彤从此再也不敢轻易地去刘佳家了。后来听说他们的生活中又出现了许多类似的事件。

以上案例仅仅是冰山一角而已。一个不容忽视的事实是：女人罹患抑郁症的几率比男人大2至3倍。面对这样一个严峻的局面，各种理论都对进行了相关的解释。

1. 心理学

心理学研究认为，两性成长中“社会化”方向的不同，是导致女性更容易患抑郁症的原因。女性更容易被培养成顺服、温柔、自信心和竞争意识较低的个性。因此，受性虐待的女性要远高于男性。其次，男女认识和应付消极事件的方式也大不相同（例如，面临人际问题时，女性更倾向于关注情感因素，产生自责），女人更关注自己的情感，更愿意暴露自己的悲伤和不幸，她们更需要亲密的关系，更喜欢思索自己的不幸（这可能是因为她们更孤独）；相反，男人在遇到问题时，习惯于责备他人，并且不愿表达自己的情感（例如，“男儿有泪不轻弹”，需要爱被认为是女人气的表现）。如果遇到情绪问题，他们更可能泡酒馆或向他人寻衅滋事。

2. 生物学

生物学也有自己的解释，导致这一现象的原因是，男女在生殖机能方面存在差异（例如某种激素水平的差异）。换句话说，女性的大脑与男性的大脑有所不同，这种差异提高了女性的患病率。近来，有研究表明，男性大脑与女性大脑在加工情感信息方面存在差异。然而，是否这种差异提高了女性的患病几率，目前尚不得而知。

3. 社会学理论

该理论认为，男女的这一区别，是社会条件和性别角色不同所造成的。女性在社会或家庭中，更易处于从属地位，常被限制于家庭中，服从男性的统治（如性虐待）。如果女人减少自己与他人接触的机会，并且维持自己的从属地位的话，婚姻对女人是没有帮助的。

幸福女人的心灵处方

（1）多活动。除了做家务，最好能养成散步习惯。

（2）多听轻松音乐。音乐容易进入人的潜意识，潜意识比意识对人的影响更大。

（3）充分利用颜色的心理效应。多穿暖色调，少穿黑色调衣服。

（4）多与人交往。与性格外向、开朗活泼的人交往。

（5）挺胸抬头走路。可逐渐建立自信心，从而减少抑郁。

孕期抑郁症的判别与对策

女人一生当中有几个时期会感到特别的幸福，除了恋爱结婚，应该就属孕育小生命这一时期了。然而再灿烂的阳光，偶尔也会出现阴霾。据调查，约有10%的女性在孕期会感觉到程度不同的抑郁。正是出于片面的认识，大家都以为怀孕对女人来说绝对是一种幸福，以至于很多妇科医生都忽视了对孕期抑郁症的诊断和治疗，而简单地把孕妇的沮丧抑郁，归结为一时的情绪失调。其实，如果没有得到充分重视和及时治疗，孕期抑郁症也具有相当危险性，它会使孕妇照料自己和胎儿的能力受到影响，并给母亲和孩子带来许多不良后果。

与普通的抑郁症有些类似，女性孕育期的抑郁症状主要表现在以下几个方面：

首先患者出现不能集中注意力、焦虑、极端易怒、睡眠不好、非常容易疲劳这一系列异常反应，或者伴有持续的疲劳感、不停地想吃东西或者毫无食欲，对什么都不感兴趣，总是提不起精神、持续的情绪低落，想哭、情绪起伏很大，喜怒无常。

经过专家们长期系统的研究，我们可以总结出导致孕育期间抑郁症的原因：

大家都知道，女性怀孕期间体内激素水平会出现以系列的变化，而这些变化则会直接或间接地影响大脑中调节情绪的神经传递素的变化。你很可能在怀孕6—10周时初次经历这些变化，然后当你的身体开始为分娩做准备时，会再次体验到这些变化。激素的变化将使你比以往更容易感觉焦虑，因此，当你开始感觉比以往更易焦虑和抑郁时，应注意提醒自己，这些都是怀孕期间的正常反应，以免为此陷入痛苦和失望的情绪中不能自拔。

另外一个主要的原因是遗传因素。如果你的家族或你本人曾有过抑郁史，那么当你怀孕时，就更容易患上孕期抑郁症。再有就是人际关系方面出现问题，也会使妇女在孕期和产后患孕郁症，如果你与你的配偶、家人关系出现不和谐，并且已无法自行解决问题，那么最好立即找有关专家进行咨询。很多人认为只要孩子一出生，夫妻间的问题便会迎刃而解，事实上孩子的到来，只会增加夫妻关系的压力，只有通过咨询，找出相应的办法，才是解决问题的积极手段。

此外，专家还就那些患病几率较高的女性群体提出了忠告：

怀孕本身具有一定危险性的孕妇。一些情况较复杂或有危险性，需要长期卧床静养，或进行多次遗传基因测试的怀孕（比如说双胞胎或多胞胎），会使孕妇备受精神和肉体的折磨。她们一方面要忍受怀孕带来的肉体痛苦，另一方面还要为其结果而担惊受怕，所以这一类孕妇较易受到孕期抑郁症的困扰，应特别注意。

通过药物等手段怀孕的孕妇。如果从前有不孕倾向，并且通过服用药物来使自己怀孕，则在服药过程中，必须成年累月地忍受由于药物副作用而导致的内分泌不调，以及由此引发的情绪不稳。一旦怀孕之后，又将面临对于万一失去这个千辛万苦得来的胎儿的担忧和恐惧，这种人群也极易罹患孕期抑郁症。

有过流产经历的孕妇。如果你过去有过流产经历，那么在这次怀孕中可能会为胎儿的安全而担忧。如果上次流产与本次怀孕相隔不久，或者在一年中有多次流产经历，那么你的身体可能还没有从上次流产中完全复原，在精神和肉体上相对脆弱，因而更容易引发孕期抑郁症。

生活中出现重大变故的孕妇。你是否为了更好地迎接宝宝的来临而新换了更大的居所呢？或者你因为怀孕等原因在工作中遇到困难？怀孕期间生活上的任何重大变动，如搬家、离婚、失业、失去亲友等都可能使你陷入孕期抑郁症。

曾经有过痛苦经历的孕妇。怀孕可能触发孕妇对于从前所经受的情感、性、肉体或语言虐待的痛苦记忆。此时你身体的变化已不受你意志的控制，这种由身体变化而引起的失控感，可能会使你回想起，受到虐待时所感受到的失控，并且使你长时间地抑郁不欢。

幸福女人的心灵处方

1. 最重要的是要学会放松

不要幻想在婴儿出生以前就把上上下下都打点妥帖。也许你会觉得你应该抓紧时间找好产后护理人员，给房间来个大扫除，或在休产假以前把手头做的工作都结束了，其实在你列出的一大堆该做的事情前面应该郑重地加上一样，那就是善待自己。一旦孩子出生，你就将再也没有那么多时间来照顾你自己了。所以当你怀孕的时候应该试着看看小说，在床上吃可口早餐，去树林里散散步，尽量多做一些会使你感觉愉快的事情。照顾好你自己，是孕育一个健康可爱宝宝的首要前提。

2. 重视与配偶、家人的沟通

尽量保证有足够的时间和配偶一起度过，并保持深层次的情感交流。如果身体允许，可以考虑一起外出度假，尽你所能来使你们的关系更加牢不可破，这样当孩子降生时，你会有坚强的后盾，可以放心依靠。

3. 不要把情绪憋在心里

在必要的时候，把你心里的恐惧和担忧向配偶、朋友倾诉，轻松而明确地告诉他们你的感觉，当你处在怀孕的非常时期，你需要爱人和朋友的精神支持，而只有当他们明了你的一切感受时，他们才能给予你想要的安慰。

4. 和压力作斗争

不要让你的生活充满挫败感，时时注意调整你的情绪。深呼吸，充分睡眠，多做运动，注意营养。如果你仍然时时感觉焦虑不安，可以考虑参加孕期瑜珈练习班，这种古老而温和的运动，可以帮助孕妇保持心神安定。

5. 及时进行有效的治疗

如果你做了种种努力，但情况仍不见好转，或者你发现自己已不能胜任日常工作和生活，或者有伤害自己和他人的冲动，那么你应该立即寻求医生的帮助。在医生的指导下服用一些对自身和胎儿没有副作用的抗抑郁药物，也可以要求你的医生为你推荐一位这方面的医学专家或精神治疗专家，以免病情延误，给自己和胎儿带来不良后果。有的孕妇害怕去见精神病专家，认为这会使自己与精神病挂上钩，其实完全不必担心，你可以理智而客观地把它看作是保证你和胎儿健康安全而采取的一项必要措施。

化解你的忧愁和焦虑

人在面临重大挑战或进入一个未知的领域时，一般会感到不同程度忧愁和焦虑。如果程度较轻，不影响我们对事件做出的正面反应，这都是正常的。但如果这种心理给你带来了负面的消极的影响，那么，你就要警惕起来了。

在心理学中，焦虑一般是指人们对于所处的不良环境产生的一种不愉快的情绪反应。正是由于有焦虑的产生，迫使人们萌生出逃避或摆脱这种不良环境的主观意愿，故在一定程度上，焦虑是一种“保护性反应”。任何人在一生中不可能一帆风顺，因此，每一个人都会有不同程度的焦虑体会。在正常情况下，人们针对所接触的环境或事务可以产生出不同的情绪反应。

如果随着处境的改善，产生的症状慢慢消失，继而情绪趋于稳定，这种情况下，就不不要大惊小怪，而对于那些一旦面对很小挫折就会引起强烈的异常反应的人，我们要说，你的心理有问题了。

焦虑心理时刻都会发生，甚至那些心理素质较高的人也无法避免。我们不禁要问：人为什么会面临如此众多的焦虑？要回答这个问题，我们必须从自然界、社会、人的心理及认识活动以及人格特征来分析。这些因素可以概括为：

（1）外部环境的意外和不幸。意外的天灾人祸会引起紧张、焦虑和失落感，或绝望，甚至认为一切都完了，等待破产、毁灭或死亡。假如碰到意外不幸时，建议你正视现实，不低头，不信邪，昂起头，挣扎着前进，灾难是会有尽头的，忍耐下去，一定会走出暂时的困境。有时往往会“山穷水尽疑无路，柳暗花明又一村”，出现“绝处逢生”的局面。有时乍看起来是件祸事，过后说不定又是一件好事。人生就是这样包含着“祸兮福所倚，福兮祸所伏”，好与坏，幸福与不幸的辩证关系。

（2）在工作、生活、健康方面均追求完美化。稍不如意，就十分遗憾，心烦意乱，长吁短叹，充满了过度的、长久的、模糊的焦虑和担心，这些担心和焦虑却没有一个明确的原因。虽然，这些担心、焦虑与正常的、由现实危机引起的担心、焦虑很相像。比如，他们会成天为家里的经济情况而担忧，即使他们的银行账户上的存款远远超过了六位数；或者他们会成天为自己孩子的安全担心，生怕他在学校里出了什么事；更多的时候他们自己也不知道为了什么，就是感到极度的焦虑。须知，世间只有相对完美，决无绝对完美。世界及个体就是在不断纠正不足，追求真善美中前进。应该“知足常乐”、“随遇而安”，决不作追名逐利的奴隶，为自己设置太多精神枷锁，过得太累，把生命之弦拉得太紧。

（3）没有迎接人生苦难的思想准备，总希望一帆风顺、平安一世。其实不然，正如宇宙的自然规律一样，人生自始至终，都充满了矛盾，绝无世外桃源。人一降临人间，就会面临生老病死苦的磨难。没有迎接苦难思想准备的人，一遇到矛盾，就会惊惶失措，怨天尤人，大有活不下去之感。其实，“吃得苦中苦，方能甜上甜”，要学会解决矛盾并善于适应困境。

（4）神经质人格。这类人的心理素质不佳，对任何刺激均敏感，一触即发，对刺激做出不相应的过强反应，承受挫折的能力太低，自我防御本能过强，甚至无病呻吟，杞人忧天。他们眼中的世界，无处不是陷阱，无处不充满危险。他们整日提心吊胆，脸红筋胀，疑神疑鬼，如此心态，怎么不焦虑。

轻度的焦虑并不全是坏事，它对个体的生存保持警觉性，激发人的积极性，对促进个人和社会的进步都有好处。焦虑往往能够促使你鼓起勇气，去应付即将发生的危机。但是如果你有太多的焦虑，以至于达到焦虑症，这种情绪就会起到相反的作用——它会妨碍你去应付、处理面前的危机，甚至妨碍你的日常生活。

焦虑不仅可以引起心理上的变化，也可引起生理上的一系列变化。焦虑时，心烦意乱、坐立不安，搓手顿足、心绪不宁，甚至有灾难临头之感。工作学习时不能集中注意、杂念万千，做事犹豫不决。焦虑会影响睡眠，引起失眠、多梦或噩梦频繁，白天头昏脑涨，感觉过敏，怕噪音、强光及冷热，容易激动，常会有不理智的激情发作。生理方面，出现唇焦舌燥、口渴、多汗、心悸、血压升高及发热感，同时大小便次数增多。

长期处于焦虑状态可以引起诸多疾病，如焦虑性神经官能症，高血压、糖尿病、神经性皮炎等心身疾病。急性焦虑发作时，往往易引起脑血管破裂或心肌梗塞而死亡，故应对焦虑发作时处理治疗。

下面是一种简单有效的控制焦虑发作的方法，包括四个步骤。

（1）找原因：想想长时间坐着突然站起时，头晕是正常的，并不是什么不祥的预兆，由于控制不了灾难性的想法，焦虑症就爆发了。每个人都会有头晕、心跳加快、胸闷的时候，那只是正常的生理反应。在这些反应发生时，要先找到原因。

（2）叫停：一旦你感到有某种身体的不适（比如心跳加快、头晕），同时有某种不祥的预感时，立刻说“停止”。如果你曾经发作过焦虑症或正处于焦虑症发作时期，可以在手腕上套一个橡皮圈，在你说停止时，拉一下橡皮圈弹自己的手腕。

（3）转移注意力：转移注意力就是把注意力集中在与你目前的感觉无关的事情上，使自己无暇进行灾难性的推测。调动你所有的感官去注意周围环境：假设你走在一个广场上，你感到隐隐的不安，马上去注意广场周围有什么建筑，这些建筑有什么特点，你以前进去过吗？假设你正参加一个集会，不祥之感袭来，你马上观察你旁边的人或是某个主持人在说什么？干什么？

（4）控制呼吸：焦虑症发作时病人呼吸急促，这会导致二氧化碳减少，进一步加剧身体症状，如头晕、四肢刺痛。控制呼吸的方法，必须每天坚持练习多次。在你练习的时候，它已经在帮助你降低对焦虑的易感度。更重要的是如果不能达到不假思索地使用这种呼吸法，在焦虑发作时，是派不上用场的。

幸福女人的心灵处方

1. 自我疏导

轻微焦虑的消除，主要是依靠个人，当出现焦虑时，首先要意识到自己这是焦虑心理，要正视它，不要用自认为合理的其他理由来掩饰它的存在。其次要树立起消除焦虑心理的信心，充分调动主观能动性，运用注意力转移的原理，及时消除焦虑。当你的注意力转移到新的事物上去时，心理上产生的新的体验有可能驱逐和取代焦虑心理，这是一种人们常用的方法。

2. 要有一个良好的心态

首先要乐天知命，知足常乐。古人云："事能知足心常惬。"老年人对自己的一生所走过的道路要有满足感，对退休后的生活要有适应感。不要老是追悔过去，埋怨自己当初这也不该，那也不该。理智的老年人不注意过去留下的脚印，而注重开拓现实的道路。其次是要保持心理稳定，不可大喜大悲。"笑一笑十年少，愁一愁白了头"，"君子坦荡荡，小人常戚戚"，要心宽，凡事想得开，要使自己的主观思想不断适应客观发展的现实。不要企图让客观事物纳入自己的主观思维轨道，那不但是不可能的，而且极易诱发焦虑、忧郁、怨恨、悲伤、愤怒等消极情绪。其三是要注意“制怒”，不要轻易发脾气。

3、自我放松

（1）活动你的下颚和四肢。当一个人面临压力时，容易咬紧牙关。此时不妨放松下颚，左右摆动一会儿，以松弛肌肉，疏解压力。你还可以做扩胸运动，因为许多人在焦虑时会出现肌肉紧绷的现象，引起呼吸困难。而呼吸不顺可能使原有的焦虑更严重。欲恢复舒坦的呼吸，不妨上下转动双肩，并配合深呼吸。举肩时，吸气；松肩时，呼气，如此反复数回。

（2）幻想。如闭上双眼，在脑海中创造一个优美恬静的环境，想象在大海岸边，波涛阵阵，鱼儿不断跃出水面，海鸥在天空飞翔，你光着脚丫，走在凉丝丝的海滩上，海风轻轻地拂着你的面颊……

（3）放声大喊。在公共场所，这方法或许不宜，但当你在某些地方，例如私人办公室或自己的车内，放声大喊是发泄情绪的好方法。不论是大吼或尖叫，都可适时地宣泄焦躁。

4. 自我催眠

焦虑症患者大多数有睡眠障碍，很难入睡或突然从梦中惊醒，此时你可以进行自我暗示催眠。如：可以数数，或用手举书本读等，促使自己入睡。

5. 自我反省

有些神经性焦虑是由于患者对某些情绪体验或欲望进行压抑，压抑到无意识中去了，但它并没有消失，仍潜伏于无意识中，因此便产生了病症。发病时你只知道痛苦焦虑，而不知其因。在此种情况下，你必须进行自我反省，把潜意识中引起痛苦的事情诉说出来。必要时可以发泄，发泄后症状一般可消失。

不要与孤独做伴

一首歌里唱道“孤独的人无所谓”。的确，如果仅仅是因为没有陪伴，这样的孤独确实无所谓，但如果是因为你自身的心理问题，而刻意使自己孤独，这就有“所谓”了。

是什么样的心理容易使人孤独？对，就是孤僻心理。在我们的身边，性格孤僻的女人并不少见，她们一般性格比较内向，不愿与外界接触，冷漠，对周围的人常有厌烦、鄙视或戒备心理，猜疑心较强，容易神经过敏，办事喜欢独来独往。

当然，有一个概念需要澄清，心理上的孤僻并不等于一个人独处。孤僻的人不管是置身于人群，还是独居一室，都同样的孤僻和冷漠。

和其他心理疾病一样，严重的孤僻心理也会给我们的身心带来许多伤害，它会使人产生挫折感、狂躁感，令人心灰意冷，严重的还会厌世轻生。

综合其他研究成果，我们总结出孤僻心理产生的原因大致有以下几点：

（1）青年期的心理特点，使孤僻心理在青年人中比较多见。青年人正处在生命发展过程中的准成熟状态，世界观和人生观刚开始建立，自认为已经长大成人，常常委屈地感到自己不被理解，有一种莫名其妙的孤独感。

（2）性格特点。内向型性格的人容易孤僻，因为他们的自我中心观念比较强，内心深处有比较强烈的抗拒感，往往对外界事物和周围人群表现得很淡漠，喜欢把自己封闭在一个狭小的天地里。

（3）交往挫折。有些人缺乏必要的社会交际能力，在人际交往中遭到拒绝或打击，自尊心受到伤害，便把自己封闭起来。越不与人接触，社会交往能力就自然越得不到锻炼，结果就越孤僻。

（4）缺乏事业心。一个有强烈事业心的人，一般不会孤僻。

（5）幼年的创伤经验。父母离婚、父母的粗暴对待、伙伴欺负等不良刺激，使儿童过早地接受了烦恼、忧虑、焦躁不安的不良情绪体验，会使他们产生消极心境，进而变得畏畏缩缩、自卑冷漠、过分敏感、不相信任何人，最终形成孤僻的性格。

幸福女人的心灵处方

（1）学习交往技巧。看一些交往书籍，学习交往技巧，同时多参加正当、良好的交往活动，在活动中逐步培养自己开朗的性格。要敢于与别人交往，虚心听取别人的意见，同时要有与任何人成为朋友的愿望。这样，在每一次交往中都会有所收获，纠正了认识上的偏差，丰富了知识经验、获得了友谊、愉悦了身心，会重树你在大家心目中的形象。可以从先结交一个性格开朗、志趣高雅的朋友开始，处处跟着他学，并请他多多提携。

（2）完善个性品质。孤寂封闭的性格，是在生活环境中反复强化逐渐形成的。具有自我封闭性格的人，兴趣狭窄、清高孤傲，难以融入集体。要努力克服孤傲的心理，增加心理透明度，以开放的心态主动与人交往，吸纳别人的长处，享受、体会人际交往的情意和欢乐。

（3）正确评价自己和他人。孤僻者一般不能正确地评价自己，要么总认为自己不如人，怕被别人讥讽、嘲笑、拒绝，从而把自己紧紧地包裹起来，保护着脆弱的自尊心；要么自命不凡，认为不屑于和别人交往。孤僻者需要正确地认识别人和自己，多与别人交流思想、沟通感情，享受朋友间的友谊与温暖。还要正确认识孤僻的危害，敞开闭锁的心扉，追求人生的乐趣、摆脱孤僻烦扰。

（4）培养健康情趣。健康的生活情趣可以有效消除孤僻心理。利用闲暇潜心钻研一门学问，或学习民用技术，或写写日记、听听音乐、练练书法，或种草养花、养宠物等等，都有利于消除孤僻。

（5）树立坚定的事业心和奋斗目标。一个有所爱、有所追求的人，不会孤寂；一个为事业忙碌的人，也不会孤僻。因此，要树立坚定的事业心和奋斗目标，为之努力拼搏，孤僻自然会被热情所驱散。

让自己安静下来的方法

心理健康直接影响人的寿命，这是一个不可争辩的事实。而心理健康的前提，就是让自己保持稳定的情绪和平和的心态。长期的忧郁，极度的恐惧，抑制不住的悲伤，莫名的嫉妒，无尽的贪求，随时爆发的怒气，等等，这些都会使人患一些不适之症，如高血压神经功能症等，女性朋友还容易引起月经不调，甚至闭经，从而严重影响自己的身心健康和生活质量。

因此，大家一定要尽量避免异常、极端的心理情绪，并且设法把自己从坏情绪中解脱出来。

表面上看，卑观消极的心理好像不会产生什么严重的后果，而实际上它是更大的杀手，有一个耳熟能详的故事可以准确地说明这一点：一个老婆婆有两个女儿，大女儿有一个伞铺，小女儿有一个鞋店，无论下雨还是晴天老婆婆都在哭，有人问她为什么，她说，下雨小女儿没有生意做，晴天没有人打伞，大女儿又没有生意做。这个人听后大笑，说，你可以这样想呀，下雨天大女儿有生意做，晴天小女儿有生意做，无论是下雨还是晴天你总有一个女儿是有生意做的。老婆婆听后乐了，从此之后便天天都在笑，因为她明白了，只要天地在，撑伞走路的人就不会绝，女儿就有生意做。由此可见，让你不安不是外界的客观环境，而是你自己上的情绪。

急躁的情绪往往使行为过于武断，急于求成，结果往往是事与愿违，打破和谐与平静的心态，给身心健康造成莫大的影响。

至于愤怒我们已在前面的一节专门讲过了，其危害相信大家也已经明白了。

再说浮躁心理。浮躁心理是一种冲动性，盲动性，心里无底，慌得很。在情绪上表现为一种急躁心态，急功近利，行动上有盲目冒险性。它是在不满足现状、不安于付出的情况下产生的，既不安于平庸又害怕寂寞，所以整日矛盾不安，浮躁近利。它是我们做人做事的大敌，无论我们是想有所建树，还是平平凡凡，都需要有一颗踏踏实实的心，并为之付出。它的对立面就是持之以恒，这正是一个成功人士、健康人士必备的素质。

上述各种不良情绪，都是我们健康的大敌，尤其是女性朋友，千万不要让不良情绪控制你，因为女人不美丽不要紧，女人不优雅是大忌。所以女性朋友们，让不良情绪远离自己。

幸福女人的心灵处方

（1）不对自己过分苛求。对自己的希望要建立在客观基础上，不要过分追求完美，那些都是不切实际的。

（2）对他人的期望不要要求过高，每个人都有自己的优缺点。

（3）疏导自己的愤怒情绪，学会自制。

（4）偶乐也要屈服。不必在小事上斤斤计较，以减少自己的烦恼。

（5）暂时回避，在遇到不高兴的事情时，可先做自己喜欢做的事情。

（6）找人倾吐烦恼。宣泄情绪是一种很好的放松办法。

（7）培养幽默感。幽默感是有助于一个人适应社会的工具，当一个人发现不协调现象时，既要能客观地面对现实，同时又要不使自己陷入激动的状态，最好的办法是以幽默的态度应付。这样做往往可以使本来紧张的情况变得比较轻松，使一个窘迫的场面在笑声中消逝。

（8）增强愉快生活的体验。每个人的生活中都包含有各种喜怒哀乐的生活体验，对于一个心理健康的人，多回忆正面的、愉快的的生活经历，有助于克服不良情绪，保持乐观心态。

（9）使情绪获得适当表现的机会。人在情绪不安与焦虑时，不妨找好朋友说说，找心理医生去咨询，甚至可以一个人面对墙壁，倾吐胸中的郁闷，把想说的说出来，心情就会平静许多。

（10）善于从光明一面观察事物。任何一个事件，如果能从不同的角度去观察，就会给人以不同的印象。很多表面看上去是引人生气、极其悲伤的事件，如果从另外的角度去看，可以发现一些正面积极的意义，如“塞翁失马，焉知非福”。

沮丧抑郁时不可决断大事

如果你感到沮丧失落，最好不要去急着解决一些事关重大的问题，很显然，这种心情会使你的决策和行为带来很大盲目性。

大家都知道，抑郁症在娱乐圈中有泛滥之势，而这个圈子中的名人大腕身染此疾的更是大有人在。比如天王级的人物——张国荣在香港跳楼自杀之前就是深受抑郁症的困扰，大多数人认为他的辞世与其一直持有的完美主义最为相关。据相关人士透露，张国荣生前也曾承认，别人能100%满意的东西自己也只能70%满意而已。一项研究证实，完美主义者那种经常感到难以达到内心标准的倾向，是诱发抑郁症的危险因素。

一个人若果在精神上受了极大的挫折或感到沮丧时，她最需要的是安慰。同时，我们也应该清楚，在这个时候，当事人往往无心思考其他任何问题。比如，当一个女人受到了打击和刺激后，她竟会决定去嫁给自己并不真心爱着的男子，这就是一个很好的例子。

还有很多极端的女性在感受深度的刺激和痛苦后，她们竟会想到自杀，难道她们不知道，所受的痛苦是暂时的，以后必然能从中解脱出来。可事实上，当人们的身体或心灵受着极大痛苦时，她们往往就失掉了正确的见解，也不会做出正确的判断。因此，在希望彻底断绝、精神极度沮丧的时候，要做一个乐观者，仍然能够善用理智，这虽是一件很难的事情，但就是在这样的环境里，才能真正地显示我们究竟是怎样的人。那么，在什么时候最能显示出一个人究竟是否有真实的才干呢？当一个人事业不如意，朋友们都劝他放弃这项工作，说他在做着注定无法成功的事情时，说他是多么的愚蠢时，而他仍然抱着坚毅的态度，努力地工作着，这才最能显出他的真实才干来。他人都已放弃了，自己还是坚持；他人都已后退了，自己还是向前；眼前没有光明、希望，自己还是不懈努力——这种精神，才是一切伟大人物能够成功的原因。

在日常生活中，我们常可以听见一些上了年龄的人说这样的话："倘使我一开始就努力，即便遇到挫折，但仍旧照着我的志向去做，恐怕已经颇有成就了。"许多人都是在壮志未酬和悔恨交加中度过自己的晚年。这种悔不当初的懊丧，都是由于他们年轻的时候立志不坚，一受挫折便终止了自己的努力。不管前途是怎样地黑暗，心中是怎样地愁闷，你总要等待忧郁过去之后，才决定你在重大事件上的步骤与做法。对于一些需要解决的重要问题，必须要有最清醒的头脑和最佳的判断力。在悲观的时候，千万不要解决有关自己一生转折的问题，这种重要的问题总要在身心最快乐、最得意的时候去决断。在脑中一片混乱、深感绝望的时候，乃是一个人最危险的时候，因为在这时人最易做出糊涂的判断、糟糕的计划。如果有什么事情要计划、要决断，一定要等头脑清醒、心神镇静的时候。在恐慌或失望的时候，人就不会有精辟的见解，就不会有正确的判断力。因为健全的判断，基于健全的思想；而健全的思想，又基于清楚的头脑、愉快的心情。因此，忧虑、沮丧时千万不要做出决断。所以，一定要等到自己头脑清醒、思想健康的时候，再来计划一切。人在感到沮丧的时候，精神便会分散，无法集中起来。态度上的镇静、精神上的乐观和心智上的理性是消除沮丧、进行健全思考的前提。

幸福女人的心灵处方

（1）自我调节心情和释放压力更是预防抑郁症的根本。

（2）和朋友与家人倾诉是缓解抑郁症比较有效的方法之一。

（3）尽量远离伤感的音乐、电影或者小说，不让自己在低迷的情绪中沉溺。最好是逛街，或者吃自己喜欢的东西，再用运动消减热量和郁闷。

（4）拥有广泛的兴趣爱好也是抵抗抑郁极好的方式。

（5）情绪低速期间，不要争于做重大决断，以免事后后悔，加重精神压力。

职场抑郁症，你有吗？

现代人的生活步伐加快，得失之间也变得鲜明无比起来，情绪的震荡常常会使一些上班族们晃得七昏八素，再加上人际之间竞争的复杂化，若稍有心理调适不当或外在支持无法配合，就很容易落入情绪忧郁的恶性循环当中。

什么是“恶性循环”呢？所谓的“恶性循环”，是指一旦你因为某件事的不顺利而忧郁不振，导致心灰意冷，甚至进一步使工作效率下降。恶性循环后更多的挫败和失落事情便会接踵而来，如此内外交加，忧郁症就等着你了！

也难怪近年来上班族罹患忧郁症的比例愈来愈高，影响重大者，造成企业团队里整合不良，小则出现个人离职、失业和自杀个案频传，实在令人不得小看忧郁症的破坏力，这也是目前企业文化里强调情绪管理为重要课题的原因。

究竟什么样的职业类型较容易患忧郁症呢？这方面的研究调查并不简单，因为行业里又有不同的职级和情境，若要明确的做排行统计恐怕有采样上的偏差。

不过专家指出，某些特质的工作容易引起较大的压力，相对的忧郁症也较常见：

（1）具有时间紧迫性及人际竞争性的工作，如业务工作及定期有业绩汇报的工作者。

（2）需要频繁调动工作地点以及内容的工作，不断地适应新环境及新同事会造成很大的心理压力。

（3）缺乏同侪伙伴的工作环境，压力及责任较少有人可以共同承担。一旦有事，只能独自承受，压力难以排解。

（4）缺乏社会的认同感、社会价值观评价较差等级的工作，也极易导致长期缺乏自我认同感、成就感，以及缺少满足心理上需求，这也包括工作前瞻性等因素。

（5）作息时间不正常的工作，如轮班、熬夜、时差多等工作，容易影响生理时钟，造成内在失调，相对的危险性也会增高许多。

其实从更广的角度来看，上班族承受的压力来源除了工作本身之外，其自身的认知系统如何去看待压力与处理压力才是情绪失调与忧郁挫折的关键因素。

在本章第一节我们已经讲了造成抑郁症的八种不良性格，这里就不再多说。这里须特别指出的是，女性患忧郁症的几率是男性的两倍，且女性随年龄变化，35至45岁年龄组发病率最高。忧郁症在社会最高层和最低层最常见。

忧郁症是每个人都可能患上的，它不能说明你心胸狭窄，也不能说明你品质低劣或意志薄弱。总之特定的环境是其产生的一个重要原因。也许一些人无法承受一些突变事件，环境重大变化而使自己不能调节自己的情绪心境，就很容易患上抑郁症。现代职场竞争压力越来越大，而导致越来越多的职场抑郁症的发生。综观这一特定人群，其最重要的原因是抗压性与抗挫折性能力不够，从而导致精神无法承受，而产生抑郁状况。

本来职场不如意，可以考验你的职业适应能力，但压力过大，可能会适得其反，从而认为自己一无是处，处处不如人等不良心态。在人生职场中，压力是不可避免的，这就要看你自己是怎么处理了，首先就要培养自己的述说能力。有的人无论什么事都闷在心里，不对人讲，这样的人就要学会述说，懂得选择合适的人合适的时机来讲述。述说也是一种能力，需要自我培养。再次，要增强承受挫败的能力。有的人遇到事就躲就退，这不是积极的态度，而是一种逃避心理。比如，收入降低影响生活，那就应想想是不是业余时间先干点别的，经此来增加自己的收入；有的人感觉现在的工作不适合自己，那就应该积极寻找合适的，而不是在家闲着怨天尤人。这其实是一种思维模式，是从小就形成的，能够意识到面对的问题，有意识地去解决。养成积极应对困难的思维模式，就会形成一种好的习惯，使自己承受挫败的能力增强。还有一条也可以减轻抑郁症的发生，加强锻炼。身体上的锻炼可以排除不佳心境，使自己得到压力缓解。

可见，职场抑郁症虽然不是太可怕，也有一定必然性，但我们还是应努力避免，为我们健康的生活不被打扰，我们还是要警惕这些精神蛀虫，做一个幸福的女人。

再有就是生活中的一些事件、挫折也会导致抑郁，比如工作、事业遭到了重大失败等等。

做好职场压力管理，自然就没有机会让忧郁症成为自身的苦痛。那么，怎样才能通过自我心理调节来消除抑郁呢？所谓自我心理调节，是不依赖心理医生或其他专业人员，自己通过心理调适，自己训练，自我心理保健等方法，消除忧郁，恢复健康的纯心理方法。

21世纪里，忧郁症是最让人值得关注的疾病之一，可是大家千万别怕！职场压力虽然大如战场，但若能做好情绪及压力管理的内功，你绝对能远离忧郁症！

幸福女人的心灵处方

（1）了解自己优缺点，修正不合宜的自我特质，精神抑郁是可以透过对自我认识和提高而慢慢治愈的。

（2）设定“合理”的工作及人生目标，要求完美大多只会失败，而过多的失败则会使本就抑郁的心理雪上加霜。

（3）从开阔、弹性的角度来看待人生中的挑战，危机也许会变成转机，心情也会豁然开朗。

（4）建立自己足够的身心备转容量，以备不时之需。

（5）把压力说出来、唱出来、写下来，这就是减压治疗，心理倾诉、歌唱减压、写作治疗都是流行又有效的心灵疗法。

小心压力变抑郁

心理学领域关于压力的研究，不是最近几年才开始的，早在1936年，加拿大一位很有名的心理学家汉斯·薛利就首先提出了这一概念。他的观点是，压力是人体表现出某种特殊症状的一种状态。这种状态是由生理系统对外界的不良刺激所引发的非特定性变化所组成的。

有压力就有压力源。一般情况下，我们将某些些具有威胁性或伤害性并因此带来压力感受的事件或环境称为压力源。生活中的压力源无处不在，它可能存在于自身，也可能存在于环境中。自身的压力源也称内因性压力源，包括痛苦、疾病、罪恶感、不良自我概念等；环境的压力源也称外因性压力源，包括热、冷、噪声、灾害等刺激情境。但是人类最主要的压力源于人，人际关系是造成压力最主要来源。心理学家在研究中，把造成压力的各种生活事件做了分析，提出了三种类型的压力源：

1.社会性压力源

社会性压力源主要指造成个人生活方式上的变化，并要求人们对其做出调整和适应的情境与事件。社会性压力源包括个人生活中的变化，也包括社会生活中的重要事件。个人生活的改变常常会给人带来压力。心理学家霍曼和瑞希编制的生活改变与压力感量表（T.Holmes&R.Rahe，1967），列出了43种大部分人都可能经历的生活事件。由400位不同职业、阶层、身份、年龄的人对这些事件产生的压力大小打分，发现其中24个项目直接与家庭内人际关系的变化有关。

2.躯体性压力源

躯体性压力源是指通过对人的躯体直接发生刺激作用而造成身心紧张状态的刺激物，包括物理的、化学的、生物的刺激物。如过高或过低的温度、微生物、变质食物、酸碱刺激等，这一类刺激是引起生理压力和压力的生理反应的主要原因。

3.心理性压力源

心理性压力源是指来自人们头脑中的紧张性信息。例如，心理冲突与挫折、不切实际的期望、不祥预感，以及与工作责任有关的压力和紧张等。心理性压力源与其他类型压力源的显著不同之处，在于它直接来自人们的头脑中，反映了心理方面的困难。生活中的压力事件处处可见，但为什么有的人无动于衷，有的人却耿耿于怀，区别常常源于人们内心对压力的认知。如果过分夸大压力的威胁，就会制造一种自我验证的预言:我会失败，我应付不了。长此下去，会产生所谓的长期性压力感，畏惧压力。

以上三点当中，心理性压力源是引起压力的最重要、最核心的因素，因为其他两项都是客观的因素，而心理性压力源则完全是主观方面的。为了使广大女性朋友避免走进这个压力误区，下面我们着重介绍一下心理性压力。

心理性压力源是指来自人们头脑中的紧张信息，如心理冲突与挫折、不切实际的期望、不祥预感，以及与工作责任有关的压力与紧张等。心理性压力源与其他类压力源显著不同之处在于它直接来自人们的头脑中，反映了心理方面的困难。生活中的压力事件处处可见，但有的人无动于衷，有的人却耿耿于怀。区别常常源于人们内心对压力的认知。如果过份夸大压力的威胁，就会自我制造一种自我验证的寓言：“我会失败”。长此下去，会产生所谓的长期性压力感，抑郁。当今社会最可怕的抑郁原来由此而生。轻者会头痛心情不畅，重者则会走向自杀。这并非危言耸听，人尽皆知的张国荣不就是因抑郁症而自杀身亡的吗？台湾女作家三毛也是抑郁症患者而最终走向了死亡之路。抑郁症的可怕与普遍已成各国政府都在下大力控制的问题。但其实自己的主观意识最为重要，现代生活确实压力很大，但只要确定正确的人生目标，努力付出行动，保持良好的心态，学会自我调解，那抑郁也只不过是一个纸老虎。有压力才会有成功，但压力不是成功的唯一条件，还要有自己的实力，也要抓住机会。

幸福女人的心灵处方

（1）确定目标并朝目标努力。造成个人压力的主要原因之一是感觉生活漫无目标。没有计划及目标，深化是很难有方向的，确定踏实而做得到的目标比一个浮夸不实的目标对你有益。目标和计划，不仅提供生活的旨趣和方向，同时也能缓解每天生活上及工作上的压力。

（2）发掘你的本性。你的本性是像乌龟一样的平缓？或是像赛马一样的快速？找出你属于哪一类型，好好运用它。当赛马想变成乌龟时则经常会造成心理压力。反之亦然。认清自己本性，你就能善于利用压力。多阅读心理压力及相关的书籍有助于你发掘本性，也能改变你的行为及生活。

（3）改善人际关系。没有什么比与他人交往更能有效地治疗和预防压力的了。小孩子都知道而我们也不该忘记，我们都需要爱和欢笑。要知道何处是你的支持网，在何处可以得到聆听、关爱和帮助。如果你找不到支持网，那么你真该去结交些朋友了。

（4）接受无法改变的事实。如果你的年龄已经超过30岁，那么你参加国家体操队的机会就很小了，要能接受这一现实。如果你小于30岁就想成为一位睿智者，那就操之过急了。时间与价值在改变，我们就应该接受这些改变。你是否已经接受这些无法改变的事实，还是对它感到愤怒、烦恼或是因为它而产生“压力”呢？

（5）寻求一个温和而有趣的良好爱好。一个良好的爱好可以转换心理压力，能平静和舒适地舒解自己。寻求一个适合自己的良好的爱好是处于过度压力所必需的缓解剂。良好的爱好如慢跑、有氧运动、骑脚踏车、欣赏音乐或阅读等，它必须是你喜欢做的而且是你能做好、令你舒适、有规律且无竞争性的。

（6）从容的呼吸以控制你的情绪。在受到压力时，呼吸会变得快且浅，在此时如果你能控制你的呼吸，以慢且深的方式，则会令你的牙关、舌头和局部松弛，而且能保持清醒的心智和冷静的头脑。

（7）事先准备和计划生活上的改变。许多生活中的变故是引起压力的原因，如离婚或分居、家人的死亡、负债、新入学、毕业和孕产等等。这些情况大多是可以预计的，如能在事先考虑周详并有计划地予以处理，将较容易应付，而所引起的压力也较小。

（8）香气治疗。香气治疗法目前在日本颇为流行，它不是简单地买回一些植物汁或植物油来享受其芬芳就完事，而有越来越多的商店开始利用这种香气为人们提供治疗服务，很多美容院都已开展了这项服务。据说该治疗可以起到缓和人们紧张情绪和改进人际关系的神奇功效。当然，如果没有条件的话，那么养几盆花吧（必须要有香味的那种），每天早晚跑去阳台闻一次，随便做做伸展运动，也许压力也会随之一扫而光。

（9）音乐治疗。音乐同样具有安定情绪和抚慰的功效。想尽情地发泄一番，那就听一听摇滚乐吧；想理清一下情绪，那就听听古典音乐吧。在日本，有一种音乐减压馆，每天晚上都会播放一些轻松或者另类的音乐，人们听着音乐闭目养神。据说，持之以恒地做下去能够使人修炼到人和音乐合一的最高境界，从而达到减压的目的，每天前往这种场所的人有增无减。其实不去这些地方，买上一两张新碟（心情不好的时候强烈建议听摇滚乐），把自己关在房间里带上耳机，你就可以尽情地沉浸在音乐的王国里面了。

（10）户外活动。如果你实在感到压力无处不在，令你喘不过气来，那么选择周末去郊外活动活动吧。一方面可以约上二三知己（有异性的搭配为佳）一起行动，一边互谈人生、大吐工作中的苦水；另一方面尽情地享受户外清新的空气和优美的田园景色。让该死的压力滚到一边去吧。

（11）阅读治疗。有关专家指出，适当的阅读不仅可以增加知识，还可以安定人的情绪。最好选一些抒情散文或“琼瑶式”的言情小说作为读本。

（12）影视治疗。看电影也是一个很不错的减压方法。有空去跑跑电影院，悲剧片和喜剧片都是很好的选择。如果觉得一肚子的委屈没有地方可以发泄，选一部悲剧片来看看吧；或者在心情烦躁时去看一些喜剧片，“笑一笑，十年少”，压力，早笑没了！

第四章

婚姻往左，爱情向右

不幸福的婚姻让女人内伤

尽管不少人认为爱情并不是婚姻的全部，但没有爱情的婚姻绝对是一个悲哀，并且最终都会以悲剧收场。婚姻本是两个人相知、相恋、相爱的结果，也就是说爱情是婚姻的基础（出于其他目的组合的形式婚姻不在此列，那只是一场游戏而已，不值得探讨）。可是，并不是所有的爱情都会像当初的承诺那样“天荒地老、海枯石烂”，夭折的爱情比比皆是。都说男人善变的是心，真的，他一旦彻底变了心，多少头牛都拉不回来。对于女人来说，当爱已成往事，就没有必要再苦苦留恋了。对于女人来说，不幸福的婚姻给你带来的内伤将是刻骨铭心的。

曾经，她和他特别相爱，相爱到离开半步就要想念，他也对她说了很多海誓山盟的誓言，但这一切都没有挡住他变心的脚步。他还是厌倦了，提出了离婚。

她哭了又哭，求了又求，但是，男人的一颗心没有回来，他说自己不爱了。轻易地，就放弃了一段感情，她不许他放弃，于是与他死缠烂打，就是不离婚，抱着鱼死网破的决绝。于是，一所空房子出现了，他常常不回家，回家也和她形同陌路。十年，他们过了十年无性的婚姻。

那十年，她形容枯槁、心如死灰，不再唱心爱的歌，不再穿最爱的衣裳，只准备在这棵树上吊死自己。

那间大屋子里，没有男人，她独自守着一屋子的寂寞，想等待那个变了心的男人回来，但等来的，是他冰凉的言语和没有温暖的眼神，那眼神，足可以杀死她吧!

终于，她的心死了。十年，足可以杀掉一个女人所有的情与爱，所以，她终于放弃了。以为自己不会再爱了，最好的青春在等待和折磨中过去了，多么的不甘心啊！可是不久她遇到一个特别爱她的男人，她才知道，自己虚度了多少光阴，爱情再来的时候，她简直不相信自己还可以这样光彩夺目，还可以像从前一样开朗、神采奕奕，有着花一样甜美的笑容……

她后悔死了，早知如此，何苦把十年的光阴赌在一个人身上呢，不值啊！憔悴了青春、憔悴了心，把光阴酿成了一杯苦酒，其实，她完全可以把爱情调成蜜糖。

重新找到爱情的她，事业和爱情一样又辉煌了。她接着出唱片、开演唱会，做太太口服液的代言人，她那么大度地笑，开心地讲自己的故事。开演唱会时唱那首《恰似你的温柔》时，她问观众：这是一首老歌吗?大家说是。她笑着说，歌是老了，但我不老，老了的只有歌。

40多岁的她，轻轻地骄傲地昂起头，对自己说：我是女人中的极品。

一个经历过婚姻风雨的女人，一个把自己沉溺了十年的女人，见到了自己的彩虹。

这个女人就是蔡琴，在音乐剧《天使不夜城》中唱着《没有男人的房子不叫家》，那时，她刚从与杨德昌十年的无性婚姻中解脱出来，刚刚知道回家要有一个男人等待着拥抱你，或者喜欢喝你亲手煲的莲子汤。而那样的幸福看似容易，其实，里面装的是爱情。

蔡琴，用十年的时间换来了心清心明，换来了一句“没有男人的房子不叫家”，所以，好的婚姻应该是有一个好男人、一个好女人，在房子里过着柴米夫妻的生活，一起做饭一起看电视一起吵架一起研究明天吃什么一起想想明天……那样活色生香的日子，才叫生活。

如果那个人背叛了你，而把应该给你的爱却给了另外一个不相干的女人，再美好的生活也就成了一杯苦酒。为了他犯下的错，而你还要为此付出惨痛的代价，这杯苦酒究竟要守到什么时候？它还会变回当初的样子吗？

婚前的男女双方因为处于热恋期，大多通过各种途径展示给对方自己最优秀的一面，而对自己最真实的一面则能掩饰的尽量掩饰。纸是包不住火的，狐狸的尾巴迟早是要露出来的，这就给婚前婚后巨大的心理落差创造了条件。

结婚的现实生活让你从美好的幻想中醒来，种种变化的到来有时使人措手不及，甚至抗拒去面对。人们总希望花常好，月常圆，然而婚姻生活的本质并非如同婚纱般的浪漫，你终于看清了，原是来自不同家庭背景的两个人，结合在一起共同生活。不同的背景、学历、生活习惯、思想态度、情感表达上的差异，这些在婚前或初婚阶段，可能是种吸引力，但是时间一久，往往在现实生活的考验下，却带来了压力。

A女士当初嫁给A先生，是深被他的稳重而吸引，但如今在她的眼里却变成了呆板与枯燥，因而抱怨连连。个性刚直的B先生，曾经以为温柔婉约的妻子与他是天作之合，没想到两人长久相处的结果却是，B先生开始觉得妻子的过分依赖与顺从带给自己太大的压力。

除了差异性带来婚姻的压力外，生活上的主客观变化，也带来两人彼此适应的考验。生活的转化与个性化的改变，是人生发展阶段上的必然现象。原本神采飞扬的C先生，经过病痛的折磨变得抑郁寡欢，使得妻子不知如何去面对枕边人，百般无奈之下，两人经常无言相对。D女士自从退休后，一会儿登山练拳，一会儿参加成长课程，忙得不可开交，生活的视野也开拓了不少。相对地，D先生却怅然所失，无法忍受晚上独自一人看电视的落寞，因而对妻子的行踪百般探试，甚至阻扰，使得D女士渐渐厌烦先生的控制，最终因为这些矛盾导致不欢而散。

茫茫人海中，两人相遇，步入婚姻，最终的目的是要创造幸福、享受生活的。可是当生活只剩下矛盾、背叛和伤心，哪还来“幸福”？又谈何“享受”？

幸福女人的心灵处方

（1）日常生活中，和丈夫多一点沟通和交流，重新构建亲密关系。比如，设立适当的夫妻时间，敞开心扉地交流，让爱顺畅流通。

（2）从某种意义上来说，夫妻是同体，是一致对外的联合体。在两个人各自保持人格独立的前提下，还要保持统一的意见、思想和方向，即夫妻同心。

（3）在家庭生活中，女性要学会调节生活情趣，比如家具的摆设、窗帘色彩的变化、装饰品的摆设等等，家居生活不定期的变化能让男人对生活更加积极。

懂得放手才会轻松快乐

女人这一生，不可能什么都得到，所以，女人在生活中必须明白：放弃不等于失去。今天的放弃，是为了明天的得到。人生路漫漫，不要计较一时的得与失，要知道放弃，如何放弃，放弃些什么。放弃，您就可以轻装前进；放弃，您就可以摆脱烦恼，摆脱纠缠，整个身心沉浸在轻松悠闲的宁静中去。另外，放弃还会改善女人的形象，从而使女人更显得豁达豪爽。进一步赢得男人的信赖，让自己变得更聪明，更能干，更有内涵。

总之，女人在感情这一份没有答案的问卷，苦苦的追寻并不能让生活更圆满。也许一点遗憾，一丝伤感，会让这份答卷更隽永，也更久远。收拾起心情，继续走吧，错过花，你将收获雨；错过他，才会遇到了另一个他。该放手时就放手，你终将收获自己的美丽……

在漫长、现实，也是艰辛、严酷的人生历程中，要慢慢学会懂得放弃，因为懂得放弃应该被看做是人逐步成熟的标志，是一种美德。

大多数女人都希望自己的人生轰轰烈烈，认为生活就是需要经过大喜大悲后的刻骨铭心。然而，有的女人欣赏的却是那种散淡悠然的心境，这还不仅仅是因为这样的无欲无求有着一种超乎常人的坦然，一种淡雅温和的松弛，更重要的是，这样的女人才能在纷乱喧嚣的尘世中找到属于自己的空间，而绝不会因为彷徨、迷惑而迷失自己，失去追求。于是，女人需要懂得放弃，因为对于每个女人而言，生活并不会是各种经历的简单堆砌。

不曾努力得到过什么，什么都没有的女人，“放弃”对她们来说是容易的，因为她们真的想象不出还有什么好放弃的。而对于大多数女人来说，放弃就真的很难，许多路即使错误，却还是要走过一遍，因为她们到底还是在害怕，害怕放弃之后，留下一片空白。

常常听到好多关于“活着真累”的话，也经常见到各种轻生放纵的故事，总觉得现代女人生活的心理空间怎么变得如此狭小。细细一想，当女人把自己所遭遇的一切都非得毫无选择地填塞到内心世界里时，女人怎么能指望人生还有许多精彩和欢笑，值得女人去回味、品读和追求？因此，女人必须得学会放弃，有选择地放弃，腾出女人更多更大的心理空间，让自己的人生更加轻松和充实。

生命中的许多经历都会随着岁月之河的冲刷而渐渐淡去，沉淀下来的那些可能曾被你自己认为是平庸的故事却成了永恒。蓦然回首，所有的女人都会发现，有些东西的放弃当初显得是那样的难，但在现在看来，却又是那样的应该和自然，原来，放弃的过程铺就了你呈现成熟美丽的那片宽阔。

没有任何人能够为天下所有的女人决定什么该放手，什么该留下，全在于女人自己。在于自己是不是懂得放弃这一美德。

幸福女人的心灵处方

（1）女人大可不必背着某种“包袱”生活，它只会让你的生活更加沉重，放开那些没有用处却让你不开心的东西，你会发觉生活原来是那么的轻松和美好。

（2）要有知足常乐的心态。不要吃着碗里的看着锅里的，这样不但一样也得不到，而且会让自己徒增烦恼。只有明确了目标，专一为此付出时，那它才可能实现，如果刚为此目标坚持了不到两天，又被下一个吸引，那你永远也走不到彼岸，那就会有什么快乐可言。所以，人的精力是有限的，只有懂得有取舍的放弃，那你才可能成功，才会获得快乐。

（3）用积极的心态去看待明天。不要总是怀恋过去，昨天已成往事，今天正在悄然逝去，而惟有明天才令我们憧憬。良好的心态是成功的起点，无论过去辉煌也好，平庸也罢，都不能抵减我们对明天的热情。没有最好，只有更好，往前看，相信奇迹就在明天。该放手时要放手，该走时不要留恋，最大的快乐不是昨日，而是今日的付出，明日的成功。

（4）要懂得换向思维，不要太认死理。就像是我们切一个苹果，横切是一个五角星，那竖切又是什么呢？我们只能得到两种相互排斥事物中一个，所谓鱼与熊掌不可兼得就是如此，必须学会放弃。或许你没有得到你许愿要得到的东西，但老天给了你一个意外的礼物。那何不试着接受，为什么非要把自己陷入得不到的痛苦中。所以从这个意义上说，我们的生命是一样的，所谓的得到与失去只不过是你自己的认为，或许你正守着一个珍珠不知珍惜，非要找一块石头。学会珍惜，懂得放弃，那你定会是快乐的。

（5）放宽心境，不要事事斤斤计较，也不要太苛求完美。世界本来就没有完美的事物，它不符合事物的客观规律。善于接受不能改变的事实，而不是自己痛苦着；抓住机会，善于取舍，那你一定会面带微笑地走向成功。

不要梦想十全十美的爱情

对于爱情，女人的心态总是让人难以理解，她们之中的一部分人始终坚守着心中那幅幻想中的完美无缺的爱情图画死不动摇，哪怕有一点瑕疵而不符合标准的男人都会被她们踢开，好多人因此等到花儿都谢了，仍然孤苦伶仃倍受孤独的煎熬。

这些女人或许是受电视、电影的影响太深，不知从什么时候开始，荧屏上那些高大轩昂、浪漫多情的男主角成了她们的梦中情人，并且发誓一定要找到这样的男人。

可是现实中的男人却一个比一个不争气，要么长得不够帅，要么不够浪漫，要么穷得叮当响，要么学识不够丰富。尽管如此，有的女人还是固执地坚持着，用她们的话说就是：感情的事怎能凑和。

想拥有美满的爱情，女人就必须抛开灰姑娘的梦想，放弃不切实际的期望，学会发现、欣赏对方的可爱之处。现实一点，幸福并不遥远。

正因为有这种心态，使许多很聪明的女人，锲而不舍地建造她们不切实际的空中楼阁，这些女人无法控制自己，她们幻想会在某时某处，猛然间发现那个他。

她们不停地恋爱，不断地舍弃，最后成了大龄女孩，仍然不放弃这种无望的追求。

例如：一个现在已经30岁的女人，她还在找理想中的男人来与她共度人生。她把未来的男人设想得非常清楚，甚至可以细腻地说出这个男人的许多长处，如温文儒雅，机智幽默。她一面继续等待这个男人，一面和一个已婚的男人若即若离。她积极地让自己和单身人恋爱，在感到失望后，就到那个有妇之夫那里排遣寂寞。

还有一个28岁的女人，她认为自己的感情和聪明才智远远超过她遇到的男人，她的男朋友，无论多么风趣、机智或体贴，都被她拒绝了。因为这些男人身上多少都有一些不尽如人意的缺点。一个感性而又敏感的男人和她处了一段，她觉得他脆弱、缺乏安全感而提出分手。另一个深深吸引她、使她觉得很开心的男人，在几个月后，她以缺乏想象力的理由和他宣告分手。她这种对男人过分吹毛求疵的态度，使她失去一个又一个男人，但她并不承认自己太过分，她只承认自己是一个知道要什么样男人的女人。实际上，这是一种聪明反被聪明误的女人，她的聪明并没有达到绝顶，只是半桶水，却使她失去了宽容和耐心。她具有的这种貌似聪明的特质，使她变得自以为是，使她讥讽嘲弄男人，逃避现实，最后变得不可理喻。

还有一个表面看去温柔软弱的女孩，她的初恋很不幸，那个男人考上一所高校以后离开了她。她因此病了很长一段时间，几乎精神崩溃。现在，她也和几个男人有过恋爱，但她为了保护自己，不再受到类似初恋的伤害而不停地挑男人的毛病。表面上，她否认自己是在找一个完美的男人，她也认为自身条件不够。但是，在她不断否认的背后，却从来也没有停止对符合她标准的男人的寻找。她不承认有追求完美男人的意念，但这种意念却越发强烈。她既害怕又失望，最后和那些失恋的女人一样，把追求完美男人的希望藏在心里，并作为她未来的人生目标。最后她变得神经兮兮，越来越顽固。

这些人之所以不如意，是因为她们缺乏对自我的正确判断，她们过高地凭借想象来要求男人，而她们要求的男人，在现实中属于稀世珍品，可遇而不可求。

赵婷年近三十，还没有交男朋友。她条件不错——白领、优雅、漂亮。她至今“单恋”让她的家人非常迷惑不解，却又十分着急，仿佛天底下最大的事就莫过于给她找男朋友了。于是老妈、老姨，每一个人都在为她物色对象，大有不把天下优秀男士搜刮殆尽就不罢休的架势。

赵婷则乐意享受眼前走马灯似的“花景”，只是她始终抱着赏花的态度，从未动过芳心。

赵婷享受单身生活，没事干的时候，就喜欢一头扎进厨房烹饪各种美食，再把自己打扮得整整齐齐、独自美美地享用。

老妈一如既往地把甲乙丙丁带到她那儿去蹭饭，实则当然是相亲。

那些男人中也不乏精英分子——事业有成型、一表人才型、家境殷实型、风度翩翩型……他们吃完饭后都坐在沙发上侃侃而谈，夸赵婷做的菜好吃，夸她长得漂亮。然而，赵婷却一个也看不上。

有一天，赵婷的妹妹带来一个蹭饭的男人。这个男人虽长得眉清目秀，但从他坐在沙发那头的拘谨来看，此人比前面来的那些天南海北侃侃而谈的人逊色不少。赵婷对他的不自然不加理会，仍旧热情大方地给他递了筷，盛了饭。妹妹在旁边不停地介绍小伙子的情况。原来他是一名程序编写员，虽然收入不菲，但终究是一个可以做大事业的人。

吃完饭后，那个男人跟赵婷进了厨房。他说，你做了饭，就该由我洗碗。说得那么自然，没有殷勤也没有做作。赵婷说，好吧。她为他系上围裙时，嘴角浮起了一抹笑。和以前那些只会在沙发上看她忙碌，嘴却不停地夸她的男人相比，这个男人，让她感动许多。

后来，赵婷和这个男人结婚了，生活得很幸福——他们会一起上市场买菜、会花上半天的时间在超市散步，为买一件用品吵个不停。赵婷也可以打着饱嗝靠在沙发上看电视。这种带着烟火味的生活，才是一个女人应该享受的。

哪个女人不希望自己是童话里的白雪公主，有一天被一个骑着白马的英俊王子拥上坐骑，再献上一颗如传说中的海洋之星，对自己说："任何海洋之星，也比不过你眼中的那颗星闪亮。"但是，现实就是现实，现实中的伴侣是需要柴米油盐的，如果你把这定义为琐碎俗气，而把梦想放在不切实际的童话里，你的爱情就注定会是悲剧。

幸福女人的心灵处方

（1）爱情毕竟是可遇而不可求的，一定要以一颗平常心去对待，不要被社会的不良氛围所误导，坚信合适的就是最好的。

（2）越是平淡无奇的生活越接近真实，越靠近幸福。可能从表面上看，他成不了什么"大气候"，也可能他有这样、那样的缺点、不足，但如果他能让你感到幸福，那么，他就值得你付出自己的爱。

面对婚姻危机，女人的心理调适

“你离了吗？”

曾几何时，这样几个敏感的字样竟成了人们寒暄的口头禅，是我们对婚姻的要求越来越高，还是婚姻所能给我们的越来越少？

随着现代社会的不断进步，离婚已经不再像过去那样令人谈虎色变了，但是离婚会给夫妻双方，尤其是女方带来一定的影响和心理创伤，这是不争的事实。佛说，十年修得同船渡，百年修得共枕眠。可见婚姻来之不易，既然能走到一起，初衷自然都想让以后的生活和和美美。可到最后还是有那么多的人吹了、散了、离了。纵观那一对对分飞的劳燕，让人遗憾之余，也可以得出这样一个结论，离婚并不是偶然的一个因素造成的，很多情况是从一开始就因为错误的观念而埋下了祸根。尽管有好的初衷，但如果方向错了，再多的努力也无济于事。现总结一番，录而示之，但愿你别再犯同样的错误，以至于给自己心灵上的伤害。

1. 浪漫的爱情一定会产生美满的婚姻吗？

一对情侣相互依偎着，看着夕阳西下，发誓永远忠于对方。此情此景曾激励着很多年轻人坠入爱河。但只要我们对浪漫的婚姻逐一考察，就会发现其中多数都以非浪漫的离异而告终。以为婚姻可以延续热恋进程的人几乎都是失望的。罗曼蒂克忽视了下面的事实：夫妻双方如果只迷恋于一见钟情的相思，而不去培养共同生活的兴趣和价值观，日久天长，就会对另一方生厌。夫妻感情应是慢慢燃烧的温暖心房的火苗，而不应是瞬间即逝的闪电。如果离开了互相关心、互相尊重、互相交流、互相适应对方的习惯和价值观，即使燃烧的火苗也会很快熄灭的。热恋时不切实际的浪漫幻想恰是日后离异的定时炸弹。

2. 夫妻生活的时间质量比时间数量更为重要吗?

事实永远胜于雄辩。据美国的一项调查显示：3000对婚姻美满、关系巩固的夫妇中90%以上的说，他们“共同生活和一起活动的时间很多”；而另外3000对离了婚的夫妇则埋怨他们“过去在一起生活和从事各种活动的时间太少了”；众多婚龄在三十年以上婚姻美满的夫妇认为，“促膝谈心不可能在很短的时间内进行”。这样，答案就再明确不过了，夫妻共同生活的时间数量远比时间质量来得重要，这就是所有恩爱夫妻的共性。

3. 夫妻唱随才是美满的婚姻吗?

许多人都认为夫妻应比翼齐飞，这有利于交流夫妻感情。44岁的李医生划船时坚持要妻子同他一道走，而同是医生的妻子小王却很想利用这段时间休息，但她勉强去了。小王要去看一个朋友，坚持要老李陪她同往，老李对此不感兴趣，但还是答应去了。诸如此类，日复一日，他们终于发生了口角：“你干什么非要强迫我去做我不愿意做的事?”心理学试验证明，向对方施加心理压力，是感情恶化的先兆。现实是：夫妻能在一起共事的时间至多只有75%，所谓的“比翼齐飞”、“夫妻唱随”在总体上不是使对方得到解放，而是给对方套上枷锁。

4. 婚姻生活中不能有冲突吗?

在日常生活中，我们有时会遇到这样的情形：一些夫妇动辄发怒，事后又不分析原因，不设法解决。对此，许多夫妇颇有微词，并称之为婚姻上的“慢性自杀”。而他们则认为，一味地忍耐，不发生任何口角和冲突，夫妻关系就会好。这话听起来顺耳，实则已走向了另一个极端。回头看看他们的二人世界，关系的确“好”，但他们之间却不会很温暖，不会经常有爱情的火花迸发。因为他们忽略了这样一个事实：所有的家庭都存在着一定程度的矛盾，你的配偶不会每时每刻都对你充满柔情蜜意，彼此希望满足某些要求是合理的——只要这些要求不苛刻就行。正确的做法应该是，既认识到偶尔的生气和冲突是一种正常现象，又注意保护你应该具有的“权利”。

5. 恩爱夫妻就应使对方幸福吗？

要别人对自己的感情负责，这是通常的错误。如果说一个人的幸福在另一个人的手里，这心情犹如在餐桌边等着上菜一般，一旦没有你期待的那盘佳肴捧上，你会暗自埋怨主人。同样，要自己对别人的情感负责，也是一个愚蠢的错误。你想使你的丈夫或妻子从你这里得到幸福，你就会曲意迎合、投其所好，慢慢地，爱情的甜水会酿成苦酒。因为对方的需要你不可能未卜尽知，处处善察人意的人委实不多。另外，曲意迎合会使婚姻的真实价值受到破坏，许多人就是这样由狂爱到伪善再到反目的。真正的恩爱夫妻应把对幸福的期望值在原有的水准上降下两成。

6. 男才女貌的夫妇才是理想的婚姻吗？

男才女貌、性情一致的确不失为佳偶，但这仍然是罗曼蒂克的。即使不是，在此基础上缔结的婚姻也未必理想。心理实验证明，男女的审美观没有什么大的悬殊，那种认为男重貌女重才的观点实际上是错误的。男才可吸引女性，但男貌也能补拙；女貌能吸引男性，但女才也能补丑。一时以显“才”捕获美女的丑男，在娇妻的潜意识中总留下不快的阴影。同样，徒做花瓶的妻子在生活中也会给丈夫带来无穷的烦恼。当然，才貌双全的伉俪倒也是有的，但若再加上个“性情一致”，就属罕见了。现实也常常为此作证：恩爱夫妻性情往往不一致，性情一致的夫妇未必恩爱。

其实，有时离婚并不需要什么波澜壮阔的理由，一切都好像是事前安排好的一样，因为你种下了一个畸形的种子，自然要收获一个不太完美的果实。所以有一天当离婚摆上了你的议事日程，不要感到意外，不要吃惊，勇敢地接受现实，这样你还有机会收获另一段美好。

关于离婚女人再婚的问题：现实的生活告诉我们，离婚女人再婚是困难的。第一，自己设置的障碍。一种情况是，像许多高学历高职位的“白骨精”一样，一部分高知女性，对于再婚提出了较高的要求，是许多原本优秀的男人从她的目光之筛里漏掉了；另外一种情况是，如同股市上心理素质欠佳的股民，想赢怕输的心理严重。持这种观点的女性，因此会优柔寡断，会坐失良机。第二，带孩子的女性普遍再婚困难点儿，这是因为现实生活的种种因素造成的。第三，一部分女性过分看重自己的财富，总以为男人是心怀鬼胎的，是冲着她的金钱去的，这样的女性占了离婚女性的相当一部分，正是因为这种心理，造成了某些女性怕上当，然而又上当了。

幸福女人的心灵处方

一般情况下，面对婚姻危机，谁都会有压力，重要的是要冷静地面对和进行适当的心理调适。面对离婚，女人们不论其痛苦程度如何，一般都会由心理因素导致生理上的变化，如睡眠不佳、记忆力和工作效率下降，免疫力降低，易发生身心疾病，等等。因此，心理调适就显得尤为重要，这会使你更快地从忧虑、压抑和痛苦中解脱出来。

（1）不良情绪的宣泄。这种方法很简单，就是找你可以信任的、并且谈得来的知己好友谈心，把你离婚后的喜怒哀乐尽情地向他倾吐，把你心中的郁闷、烦恼发泄出来。这样做可以避免由消极情绪导致的大脑皮层功能失调。

（2）认知平息。所谓认知平息，是指人的行为表现是由对引发事件的认知水平、角度所决定的，人的情绪可由对某事物认知的改变而改变。所以，通过改变当事人的认知思考方向，可缓解她们的痛苦。例如，因丈夫有外遇而离婚的女人总觉得前夫有负于自己，常常陷入痛苦中而难以自拔。假如她能反问一下自己：一个坏鸡蛋你吃一口就知道坏了，难道还要继续吃下去吗？”“同一个已和自己没有丝毫感情的人继续共同生活，难道还有什么快乐可言吗？”这样，她便可以理智地控制情绪，使心胸开阔、眼光放远，使自己从痛苦中解脱出来。

（3）再觅良缘。就是坚强地站起来，另起炉灶，重觅佳偶，再结良缘。在这里要提醒各位女士的是，一定要心态平和，以诚相待。综合分析自己的实际状况，既不能要求过高，又不能委屈了自己，更不要上当受骗。

如能找到情投意合的人，再婚完全可以比初婚更幸福。

（4）情境转移。触景生情、爱屋及乌，表明人的情绪是可以随着客观环境的改变而改变的。因此，为了不让离婚后的消极情绪蔓延，可以采取情境转移的方法驱散不良情绪。比如探亲访友、外出旅游，或把精力倾注在事业上，或者听听旋律优美的轻音乐，或参加一项体能消耗大的运动。

家和万事兴——巧妙处理婆媳关系

生活中难免会有不如意，年轻人和老人的思想本身就不同，遇到问题及时沟通、解决，不能总拉长着一张脸——“猴子不吃人，样子难看”，这样会引起许多不必要的误会。以上各点如能切实做到，不但现在是个好媳妇，将来也是个好婆婆。

婆媳之间处好了就是母女的感情。彼此要相互尊重，有什么事全家协商着处理，如经济开支、如何教养第三代等要共同商量，养成民主家风；而属于个人的“私事”，则应互不干涉，个人享有“自主权”。

作为媳妇，要多尊敬婆婆，因为婆婆年岁大，管家或教孩子的经验丰富；做婆婆的也不要总是在媳妇面前摆架子，要看到儿媳的长处，多尊重儿媳的意见，特别是教养孩子的问题。婆媳长年生活在一起，难免会发生一些不协调的事情，这时就更需要双方相互谅解。

我们的先辈在处理人际关系中所提倡的“设身处地”、“以己度人”、“己所不欲，勿施于人”等原则，都包含着谅解的思想，是处理人际关系的“金玉良言”，也完全适合于处理婆媳关系。

婆媳之间一旦发生摩擦，不管孰是孰非，做媳妇的一定要先忍让，万不可针锋相对。婆婆说什么，只管听着，等事后双方都心平气和了，再探讨矛盾的起因与解决方法。这样一来，婆婆面子十足，自己今后也会想法子弥补自己的过失，你在婆婆眼中更是一个识大体的好媳妇，也解了老公的后顾之忧。

此外，婆媳双方平日有了分歧，切忌向邻居、同事或朋友乱讲。我国民间有这样一句俗语“捎东西越捎越少，捎话越捎越多”，说的就是“传话”在人际关系中的不良影响。婆媳失和，向亲朋邻里诉说，传来传去，面目全非，只会加剧矛盾。

上了年纪的人，感情相对脆弱，怕孤独，爱唠叨。作为媳妇，如能与婆婆多聊家常、多做家务，多买点老人喜欢吃的东西，会极大地在老人心目中塑造对自己的好感。除了物质上孝敬之外，还应注意和婆婆搞好感情交流，消除心理上的隔阂。因此，做媳妇的平日里要经常向婆婆嘘寒问暖，每逢老人身体不适，更需悉心照顾。家里的事媳妇不管如何做，都应该和婆婆通报一声，让婆婆也有满足感。

古今婆媳处不好的多得很，原因就是自私。有的说我从前当媳妇好苦啊！现在对你们这样宽厚，还不知足？像这种观念，不合时宜。好比说，她过去烧柴火煮饭，现在用电锅，不要媳妇上山砍柴，这是时代进步了，哪里是宽厚；有的怨恨心重，认为以前受了多少苦，熬了几十年，才当了婆婆，如果不好好地威风一下，太吃亏了；还有一种人，对自己的女儿好得很，有好吃的媳妇别想，有难做的女儿没分，这也是构成婆媳不和的原因之一。

假若作婆婆能够这样想：我的媳妇是别人的女儿，我的女儿是人家的媳妇，人家虐待她，我心里会难过，我虐待媳妇，别人也会伤心。所以说，不管家庭环境好坏，待遇一定要平等，这样彼此间的感情就融洽了。

幸福女人的心灵处方

（1）年轻人平时要多体谅老人心理，给老人足够的尊重和谅解。

（2）迎合婆婆的心意。做媳妇的应该尽可能把自己的语言和行动，合理地修改，适合婆婆的心意，以期得到婆婆的欢心。最要紧的，便是应该易地设想："我将来也要做婆婆的啊。假如将来有一个媳妇不称自己的心意，我将会觉得怎样呢？"而且婆婆就是丈夫的母亲，当然要和自己的母亲一般，要尽心奉侍啊。

（3）平常多关心一下婆婆，与婆婆经常沟通，消除误会，增进彼此的感情。

唠叨是破坏爱情的诅咒

中国有句话说：每个成功的男人背后都有一个女人。女人要维护家庭的完整与和谐，就必须要在老公遇到困难的时候给予支持和鼓励，这对于年轻的女人的来说尤为重要。

现代女性的独立让她们开始不再依赖男人，更是有时老公可能在外面遇到了某些困难和不愉快，把不好的情绪带到了家里，老婆看到了也会不允许，必然会增加两人的矛盾，而本来希望能得到妻子安慰的丈夫情绪会更加低落。

所以女人在当老公遇到挫折的时候；当他遇到了两难的选择，内心在作挣扎的时候；当他要向事业的更高峰进军的时候……需要的是你的支持与鼓励。

男人并不是时时刻刻都如人们想象的那样坚强，在他刚刚经历了挫败或在艰苦的环境中挣扎的时候，他也需要有一个忠实的追随者来支持他、鼓励他，这点对于身为妻子的你尤为值得注意。

现在已是深夜，老公突然打来电话，熟睡中的小涵迷迷糊糊的，只听到老公在电话那头支支吾吾地说：老婆，你怎么没关机呀，我还以为你关机了。小涵问道：怎么了？

老公不怎么说话了，声音有些颤抖，小涵有些着急："怎么了，哪里不舒服啊？""老婆，我到了最底线了，我顶不住了，真的。"小涵听得出电话那头的伤心。"压力太大了，我承受不住了，他们挖角挖得太厉害，我顶不下去了，我好难受啊，我真的舍不得啊……”

迷糊的小涵开始明白了，工作的压力，给老公太少喘息的机会，整天辛苦的奔波，却没有好业绩，同行不停地挖他的员工，为了保住这些他辛苦培养起来的骨干，他已经陪酒安抚一周多了，可是今晚看来，情况并不是那么乐观，领导要增员，员工要跳槽，这能不压得他精神崩溃吗？

“老婆，我是不是很无能啊，是不是没有能力啊，我真的很难受啊，我的胃好疼，现在，你要在我身边就好了……”小涵开始着急，她不知该如何安慰他，这么久了她还是第一次听他这么悲伤的诉说，她更知道深夜里胃疼得滋味，平时自己胃疼时老公都会着急的给她拿药，一直陪她熟睡才会休息。可今天，在他最脆弱的时候，自己却不在他身边。小涵知道此刻老公最需要的是自己的安慰与鼓励。

她沉思了一下，柔声对老公说，别多想了，工作不是你一个人的事，在我眼里你永远是最好的，一切都会好的，万事开头难，更何况是开公司，你先别急，总会有解决的办法的，现在只是因为我们创业的经验不足，别人也一样，你现在最需要的是休息。这件事情明天我们一起解决，我相信你一定会度过这个难关的，你有能力解决这个问题。

老公听了小涵的安慰的话，深信自己有能力解决，明天会好起来的。

有时男人就是个孩子，无论外表怎样坚强，他的内心都是柔软脆弱的，需要你的安慰抚摸，需要你温柔肯定的言语。

可是，假如当他带着期望回家，迎接他的却是妻子皱着眉头的脸和不停的唠叨与埋怨：“王姐的老公都升为正局级了，你什么时候……”；当他带了一束玫瑰回家，妻子却漫不经心地丢在一边，开始谈论阿芳新买的钻戒多么漂亮；当女人不再感激男人的付出，甚至有些鄙视他的心意时，男人还会渴望回家，还会觉得家是温暖的港湾吗？不难想象，其后果是严重的。

一位男士说，每天他一到家，妻子就唠叨上了：你总是空手回来，也不顺便买点菜，就知道张口吃……本来我就事多心烦，回到家里本想温馨的家庭气氛能驱散我工作中的烦恼，没想到我妻子的一番唠叨使我愁上加愁，心情急剧恶化。

于是我就和她顶撞起来，造成双方情绪都不好，温馨的家庭气氛被破坏了。尽管事后言归于好，但是我妻子总是这样唠唠叨叨的，给我们幸福的婚姻增添了一层灰色的阴影。

这位男士半开玩笑地说，那些婚外恋的男人说不定他们的妻子整天唠唠叨叨，使他们感到妻子没有柔情，于是在那些善于表达感情的女性的诱惑下坠入了婚外恋的深渊。

幸福女人的心灵处方

（1）把握动机与效果相统一。唠叨的效果往往适得其反，丈夫厌烦，子女逆反，自己还惹了一肚子气。如能多反思唠叨的危害，适当控制话语权，是走出唠叨误区的一个好方法。

（2）心理位置对换。如果丈夫唠叨你，你是否心烦？子女唠叨你，母亲唠叨你呢？

婚外恋心态的自我调适

《康定情歌》里唱道："世间溜溜的男子，任你溜溜地挑哟！"这句歌词有一处致命伤，很容易让女人掉入陷阱，应该改成"世间未婚的男子，任你溜溜地挑哟！"那些有妇之夫绝对不能成为你爱情的候选人，无论在什么情况下，这都是一个雷区。

但在现实生活中，女人往往被那些浪漫的表象迷住了眼睛，以为那个婚姻围城中的他真切地爱上了你。其实未必如此，他或许只是在进行一场游戏，女人爱上有妇之夫的结局多半都不圆满。

并不是男人出尔反尔，也不能归咎于他们伪善、薄情，因为男人看重自己的事业前程，而且重情义的男人更不忍心抛弃妻子，绝情离异。在这场婚外游戏中，最终受到伤害的只是那些执著而专一的"第三者"，她们在这美丽的陷阱中往往跌落得更深，也受到更多的伤害。

往往是在瞬间的甜蜜和幸福之后，女人们的沮丧和酸涩就会接踵而来。所以，亲爱的女人们，一定要明白自己"想要什么"和"能得到什么"，第三者的角色只能带给你更多的苦涩。哪怕你眼前的男人多么优秀，也请你忍痛割爱离开他。

婚姻的砝码是责任，多踏出一步，背后不仅是流泪的眼和滴血的心，还有无辜的人。也许不该发生，只是时尚勾引了出轨的欲望，面对婚外恋，所该做的是想想曾经和你生死相许的人，你尽了多少责任。所以，要警惕你的婚外恋心态。

（1）图貌心理。有人因为贪图女方的美貌或男方健美的身躯，主动示爱，从而产生婚外恋。其实外表美随着年龄的增长会自然消失，只有心灵美才是永恒的，像美酒一样，时间越长越醇香。因此，最要紧的是要善于发现配偶的闪光点，献出自己的一片真情，这样，情人的眼里自然会有西施出现。

（2）贪财心理。有的人因为贪图对方的钱财，不顾自己的人格，主动委身于对方，以换取几个铜板，从而形成婚外恋。其实，人格是无价之宝，钱财乃身外之物，多则多用，少则少花，又何必以无价之宝换取几个铜板？另外，有财者也应切记，既然对方贪图的是你的钱财，又何必为对方付出真情，产生恋情。

（3）好奇心理。有的夫妻生活平平常常，觉得平淡无味，而影视男女主人公却与情人爱意缠绵，浪花迭起，过得有滋有味，潇洒自在，自己也想体验一下这种生活，于是，在这种好奇心理的驱动下，产生婚外恋。其实，平平淡淡是真，平平安安就是福，不要这山望着那山高，身在福中不知福。

（4）欠情心理。有些情人最终未能终成眷属，双方各自成家，或一方成家后另一方不愿成家依然暗恋着对方，当一方生活困难或夫妻感情不和时，另一方觉得还欠着对方的情因而主动投入旧情人怀抱，旧情复发，从而产生婚外恋。其实，有情人未必都能成眷属，既然双方已各自成家或对方已成家，就应面对现实，珍惜夫妻感情，当对方生活有困难或夫妻感情不和时，用婚外恋来报答对方的情，与其说是帮助对方，倒不如说是损害对方，实乃于事无补。

（5）补偿心理。有的人因为夫妻分居，寂寞难耐，或者因为夫妻一方有生理缺陷，生理上得不到满足，或者夫妻关系不和，因而主动寻找第三者或乐意接受第三者予以补偿，从而形成婚外恋。其实，性生活并非夫妻生活的全部内容，只要夫妻之间加强联系，感情上多沟通，心里想念对方，生活照样充实，又何须补偿。

（6）报复心理。有的夫妻因为一方有外遇，又不听规劝，另一方为了报复对方，主动寻求第三者，从而产生婚外恋。其实，既知对方有外遇是错误的，自己为何去寻找第三者，岂不是知错犯错？况且，婚姻自由，离婚也自由，如果感情确已破裂，且无和好可能，不妨离婚算了，好和好散，做个朋友也比报复对方强。

（7）互利心理。有的人因为工作上的制约关系，互相利用，互相勾结，合伙作案，成了一根线上的两只蚂蚱，双方谁也离不开谁，从而产生婚外恋。其实，俗话说得好："手莫伸，伸手必被捉。"一旦东窗事发，锒铛入狱，这样的婚外恋只好到监狱去"恋"了。

（8）享乐心理。有的人因为受性解放思想的影响，或者受淫秽影视书刊的影响，认为人生在世，吃喝玩乐，趁着年轻，及时行乐，因而滥交异性，从而产生婚外恋。其实，性解放及淫秽影视书刊是害人的毒素，我们每个人都应自觉予以抵制，树立正确的道德和人生观，不能错将砒霜当白糖。

（9）相悦心理。有的男女因为工作上相互帮助、支持，久而久之，双方均有好感，两情相悦，从而产生婚外恋。其实工作上的好帮手，未必能成为生活中的好夫妻，既然双方在工作上互相帮助、互相支持，为何不像兄妹、姐弟一样相处呢？

（10）报恩心理。有的人因为生活有困难而得到对方帮助，或者因丈夫长期在外，家庭长期得到对方照顾，自己无以为报，只好献上身体，从而产生婚外恋。其实，既然对方诚心帮你，就不图你的回报，对方对你有恩，你心里记得就行了，何必如此回报？如果因此影响对方的家庭，岂非好心办坏事。

（11）迫不得已型。当家庭出现重大变故，如孩子得了白血病，家里又没有财力支出时，这时有人以婚外情人做条件来交换孩子的性命，这是不得已的。而一旦发生关系，又是剪不断理还乱，于是家庭便有了危机。

女性婚外恋的一般历程是“厌旧喜新”、“弃旧图新”，而很少“喜新不厌旧”，她们在追求婚外幸福时往往比男子更勇敢、执著，不少人敢于蔑视主流文化，顶住种种社会压力，甚至放弃子女抚养和财产利益，而与丈夫毅然决裂，却迟迟不见情人迈出实质性的一步，以至自己人财两空、进退两难。

其实在多数是时候，女人多把爱情当作人生的主旋律，一般情况下她们不会轻易爱上一个已婚的男人，但倘若真正动了心，女人就会痴迷地投入自己的全部精力。犹如一只傻傻的飞蛾，见到一丝光亮，明知是火也要义无反顾地扑上去。结果不仅自己身败名裂，身心俱伤，连你爱的那个男人也要跟着遭殃。

曾有人这样形容女人的一生：“女人一生，就像在一望无际的大海里寻找男人，从日出到黄昏，你看到的都是别的轮船过客，而你自己永远靠不到岸。男人是大海里漂浮着的一块木板，并不是你的船，你抓得到却靠不住。你可以把木板抱在怀里，以为拥有了它，但它依然四处漂浮。”

有些事情是可以理解的，女人原本多情，经常会生出种种的情愫，就像她们来到一个花园，看到美丽的花朵就想采一朵戴在身上，殊不知有些花朵尽管美艳动人，但其毒性之大也是你难以想象的。为了不受伤害，最好远离这些有毒的花朵，最好别做别人婚姻中的第三者。

幸福女人的心灵处方

（1）要冲破平淡。将爱情不断地更新，不断地给对方创造新的条件，甚至有的时候故意创造一些小插曲。你只要把恋爱生活中所做的事情搬到婚姻生活中就对了。

（2）要给对方一定的自由。哲人说过距离产生美，不要把对方绑得太紧，否则距离太近，美将会消失，婚姻就会危险。将心比心，己所不欲，勿施于人。

①每个人心里都有只属于自己、不愿被人知道的隐私（特别是以往的恋情之类），如果你自己都做不到把你的隐私告诉对方，那么就请你不要像挖掘机一样，非要把对方的隐私挖出来。

②不要总以怀疑的目光问对方：你一天在忙些什么？到哪里去了？为什么回来这么晚？一次两次还可以，如果三次四次五次六次地这样问下去，也许没有问题也会因为烦你的罗嗦和猜疑而出现问题。你觉得值得吗?

③不要看见自己的配偶和异性在一起，就无端地猜测对方对自己不忠，先把事情弄清楚再说，千万不要被愤怒冲昏了头，也许那个人只是你配偶的同事或一般的朋友。想想你自己，是否也有和异性同事或朋友在一起的时候。

当然，防止婚外恋发生的方法绝不止上面这些，还有很多很多，需要朋友们在生活中去发现。但就以上这两大点十一条来说，也许不会对婚外恋起到绝对的阻止作用，但它至少对稳固完美你的婚姻是非常有用的。

婚姻是属于两个人的，需要共同去经营，而要把它经营好是需要一定的方法的。愿那些已经结婚、准备离婚和已经离婚的人们能了解这些方法，灵活运用。

第五章

想开一点，放下一些

工作压力大，心理问题成困扰

在我们的生活当中，许多看似微不足道的事情，却都在直接或者间接地影响着我们身心的健康。而遗憾的是，这些问题的严重性一直没有得到人们的重视。比如长期超负荷、难以预测和控制的工作对人的健康构成的危害，现代生活中高血压、心脏病、睡眠障碍等身心疾病患病率居高不下，很大程度上与快节奏的生活和工作方式造成的压力有关。在现代社会里，压力普遍存在于人们的生活之中，它是人们进取的动力，但也可能带给人们各种身心疾病，破坏生活品质。

关于压力这个概念，我们已经说的不少了，相信大家对此都有了一定的认识。人活着就会感受到压力，没有谁可以例外，不管你喜欢与否，压力俨然已经成了生活的一部分，我们每天都在它的关照下逐渐地成长。

一般情况下，有超过97%的压力起源于不起眼的小事件，这些压力不会对我们的身心造成太大的伤害，只有2%的压力可能造成生活上的大问题。比如有人面对压力，会暴饮暴食、酗酒、吸毒、变成工作狂……，但有人却会把压力视为机会，借着压力将自己转化得更加成熟而稳健。

世界上任何一件事都有它的两面性，压力也一样，它可以是问题也可能是机会。就看你以怎样的心态和方式去对待它了。如果你不懂得如何处理压力，它便对你有害；相反，如果处理得当，它可以帮助你了解自己，使你更加成熟。

很多现代女性都生活在一定的压力之下，失业、升职、调薪、办公室关系等等。据统计，与工作压力相关的心理、生理方面的疾病已经成为导致员工缺勤、停工、意外事故的主要原因。如何缓解心理压力，保持身体健康成了人们普遍关心的问题，心理专家给出了以下四个缓解压力的原则：

1、最重要的是解开心中的结。记得有一则寓言可以很好地说明这个问题：一种小虫子很喜欢捡东西，在它所爬过的路上，只要是能碰到的东西，它都会捡起来放在背上，最后，小虫子被身上重物压死了。

人不是小虫子，但人在社会生活中的所作所为又像小虫子极了，只不过背上的东西变成了“名利权”。人总是贪求太多，把重负一件一件披挂在自己身上，舍不得扔掉。假如能学会取舍，学会轻装上阵，学会善待自己，凡事不跟自己较劲，甚至学会倾诉发泄释放自己，人还会被生活压趴下吗？

2、如果压力不能彻底的消除，你可以以适当的方式转移和释放。面对压力不要惊慌失措，如果它太重背不动了，那就放下来不去想它，把注意力转到让你轻松快乐的事上来。等心态调整平和以后，已经坚强起来的你，还会害怕你面前的压力吗？比如做一下体育运动。体育运动能使你很好地发泄，运动完之后你会感到很轻松，这样就可以把压力释放出去。

3、用另一种眼光看待压力。你要知道，人生的压力不可避免，升学、就业、跳槽，从偏远的乡村走向繁华的都市，我们的每一个足迹都是在压力下走过的。假如没有压力，我们的生活也许会是另外一个模样。当我们尽情享受生活的乐趣的时候，都应该对当初让我们曾经头疼不已的压力心存一份感激。

生活本来就是丰富多彩的。任何人的生活都不会一成不变。我们需要一帆风顺的快乐，但也要接受挑战和压力带给我们的磨炼。缺了哪一项，我们的生活都会显得有几分单调。那么如何才能更好地调适工作中的压力呢？

幸福女人的心灵处方

（1）不要从早到晚一刻不停地想着工作，你想得越多压力越大。一定要平衡一下生活，分出一些时间给家庭、朋友、嗜好等，最重要的是娱乐，娱乐是对付压力的良方。

（2）分散压力。可能的话把工作进行分摊或是委派以减小工作强度。千万不要陷入到一个可怕的泥潭当中：认为你是惟一能够做好这项工作的人。如果这样的话，你的同事和老板同样也会有那样的感觉，于是就会把工作尽可能都加到你的身上。这样你的工作强度就要大大增加了。

（3）享受个人空间。不要总是待在单位，八小时之外，最好找一个独处空间，并安排一段时间处理自己的事情，如与家人、朋友在一起等。

（4）建立良好的办公室关系。与同事建立有益的、愉快的合作关系；与老板建立有效的、支持性的关系，理解老板所想要的并让老板也理解你的诉求，了解自己和老板在工作中的权利和义务。

（5）暂时将压力抛开。一天中多进行几次短暂的休息，做做深呼吸，呼吸一下新鲜空气，可以使你放松大脑，防止压力情绪的形成。千万不要放任压力情绪的发展，不能使这种情绪在一天工作结束时升级成为压倒你的工作压力，最好能发展自己的爱好，从中自娱自乐以缓释一下压力。

（6）随它去。辨别一下你能控制和不能控制的事情，然后把两类事情分开，归为两类，并列出清单。开始一天的工作时，首先给自己约定：不管是工作中的还是生活中的事情，只要是自己不能控制的就由它去，不要过多地考虑，给自己增添无谓的压力。每天寻找时间放松，如呼吸新鲜空气，做适量的运动、散步，时常出入一下办公室，变换一下环境，这些活动有助于释放压力，放松大脑，恢复精力。

（7）及时总结，妥善计划。对所有的出色工作都记录在案，并不时查阅，一是总结经验，二是为自己寻找自信。为将要进行的工作，制订一些短期计划，做尽可能细致的准备。

快乐在于改变自己

前文说过，人不能脱离社会孤立地存在，参与社会、融入社会，是人的立足之本。既然要充分地参与，就必然会受到一定的社会规范的束缚和制约，这就要求个体要根据社会环境的变化及时调整自己，避免矛盾和冲突，使自己尽可能地适应于社会的要求。

这就是说，不管这个社会是什么样子，我们都不能脱离于社会环境之外去寻求我们的快乐和幸福，这是不现实的，结果往往使自己陷入一个痛苦的深渊。这正好印证了那句老话：天下的乌鸦一般黑。如果非要找那只白色的乌鸦，那就是你的不对了。

心理学给了我们这样一个科学的解释：人们从接收一定的外界信息到做出相应的情绪反应，这中间有一个大脑根据以往的认知，对信息进行加工并产生相应的体验的过程，这个过程也是个体发展变化的过程。这个过程的完成有三个要素：一是外部信息的刺激；二是已有的认知的参与；三是个体的自我整合作用。

但是由于社会经验以及自我认知的限制，人们根据外界环境信息所作出的适应性反应并不总是有效的：个体的体验与原有的认知不一致，就会导致冲突。这种冲突，既是促进个体发展、成熟的动力，也可能导致其应激（如彷徨、自责、压抑、痛苦、愤懑等）以及相应的肌体反应（如内分泌失调、失眠等），引发问题甚至身心。

个体通过对外部信息接收角度和强度的转换，或对原有认知在重组、迁移、升华的基础上予以整合，使外部刺激与认知互为进退地实现协调一致，以避免矛盾冲突激化所造成的困境，这就是调适的重要方法——合理变通。通俗地讲就是：通过改变自己来达到身心快乐的目的。

其实，退一步讲，每个人的情绪，都是会有波动的，关键是看我们用什么样的方式和心态去对待它。此期间当有什么事使你烦恼的时候，应当畅所欲言，不要闷在心里。当事情不顺利时，不妨避开一下，改变一下生活环境，可能会使精神得到松弛。如果要办的事情较多，应先做最迫切的事，把全部精力投入其中，一次只做一件，把其余的事暂时搁在一边。如果你感到自我烦恼，试着帮助他人做些事情，你会发觉，这将使你的烦恼转化为振作，产生一种做了好事的愉快感。一个人的情绪，主要受精神意志控制。保持愉快稳定的情绪，要提高道德修养，要树立远大理想；保持健康的心理状态，最重要的是及时地改变自己，学会适应外部条件的变化，自觉运用积极情绪克服消极情绪。

幸福女人的心灵处方

1. 以变应变

就是同样一件事，从另外一个角度去看、去思考，以达到减轻痛苦，缓解紧张的目的，使内心获得平衡。大哲学家弗洛伊德就曾经指出，常见的嫉妒心理有两种：一是希望达到的目的没有达到，便否定该目的的价值或意义，俗称酸葡萄效应。二是未达到预定的期望或目标，便提高目前现状的价值或意义，俗称甜柠檬效应，如狐狸吃不到葡萄，就说葡萄是酸的，只能得到柠檬，就说柠檬是甜的，于是便不感到苦恼。所以我们可借用某种“合理化”的理由来解释事实，变恶性刺激为良性刺激。

2. 换脑思考

换一种认知解释事物的方式，更新观念，重新解释外部环境信息，也就是相当于换一个脑袋思考、解释问题。

在个体出现矛盾和冲突的时候，可以通过换脑法，减少或消除认知与体验的矛盾冲突。

3. 让思想升华，把挫折变成财富

人的问题长期不能解决，往往与他们的消极固着有关。如何克服固着，有效的方法是进行位移，即选择一种新的、高层次的、积极的、利于他人和社会的认知固着代替旧有的认知固着，从而改变消极的状态，这就是升华法。“失败乃成功之母”，“化悲痛为力量”，就是从失败的消极因素中，认识其中蕴涵着的积极因素，使之成为个体奋起图强，取得成功的动力和契机。

4. 巧妙利用“补偿作用”

人们难免会由于一些内在的缺陷或外在的障碍以及其他种种因素的影响，导致最佳目标动机受挫。这时，往往会采取种种方法来进行弥补，以减轻、消除思想上的困扰。这在心理学上称为补偿作用。补偿，就是在目标实现受挫时，通过更替原来的行动目标，求得长远价值目标实现的一种调适方式。

5. 从实际出发调整目标

当实现目标过程中受挫时，就会产生紧张或痛苦，避免或缓解这种状况的一个有效措施，就是及时切合实际调整自我，并变换实现目标的途径和方法。

人生路上，如果所面对的无法改变，那就先改变自己。只有这样，才能最终改变属于自己的世界。

职场莫强求

经常听到许多职场上的女性朋友们抱怨："待遇不公平"，"潜规则难以接受"，等等，经过一番调查我们发现，这绝非个案，而是一个具有普遍性的问题，并且直接关系到一个人的心理问题。专家们研究发现，当一个人的业绩获得相应的报酬以后，她不仅关心自己所得报酬的绝对量，更关心自己所得报酬的相对量。因此，她要进行种种比较来确定自己所获报酬是否合理，比较的结果将直接影响今后工作的积极性。一种比较称为横向比较，即将自己获得的"报偿"与自己的"投入"的比值与组织内其他人做比较，只有相等时，才认为公平。

横向比较只是事情的一方面，还有许多人热衷于做纵向比较，即把自己目前投入的努力与目前所获得报偿的比值，同自己过去投入的努力与过去所获报偿的比值进行比较，只有相等时她才认为公平。

这个世界并不完美，如果一味地强调完美，处处追求所谓绝对的公平，会给我们的身心带来许多负面影响。它会压抑一个人健康向上的良好心境，影响人们聪明才智与创造才能的发挥。最近一项研究证实，如果从上级那里得到公正待遇，那么员工的血压会维持在低水平，心脏病的发病率也比受到不公平待遇的人低30%。因此，专家认为，公正可能给企业员工减小了慢性压力，也意味着员工患冠心病的风险减小。

职场通用的规则是要在公平公正的原则下做人做事，而没有明文规定的潜规则却说不能苛求上司一碗水端平，尤其是老板更有特权。

石小姐刚进公司做行政部助理时，除了基本工资，就没享受过其他的福利待遇。一个偶然的机会她得知行政主管孙小明的手机费竟实报实销，这让她很不服气！想那孙小明天天坐在公司里，从没听他用手机联系工作，凭什么就能报通讯费？不行，她也要向老板争取！于是石小姐借汇报工作之机向老板提出申请，老板听了很惊讶，说后勤人员不是都没有通讯费吗？“可是孙小明就有呀！他的费用实报实销，据说还不低呢。”老板听了沉吟道：“是吗？我了解一下再说。”

这一了解就是两个月，按说上司不回复也就算了，而且孙小明每月才一百多块钱的话费，争来争去也没啥意思。可是偏偏她就和孙小明较上劲了，见老板没动静，她又生气又愤恨，终于忍不住和同事抱怨，却被人家一语道破天机：“你知道孙小明的手机费是怎么回事？那是老板小秘的电话，只不过借了一下孙小明的名字，免得当半个家的老板娘查问。就你傻，竟然想用这事和老板论高低，不是找死吗？”

石小姐吓出一身冷汗，暗暗自责不懂高低深浅！怪不得老板见了自己总皱眉头！从此她再也不敢提手机费的事，看孙小明的时候也不眼红了。

还有位在某知名外企工作的夏小姐最近也特别烦，原部门主管跳槽了，还带走了一名部下，自己对公司忠心耿耿、任劳任怨，现在一个人干3个人的活，压力特别大。但眼见自己在公司已苦干了三年，仍然没有被升职加薪。而自己对上司提出的一些新想法，也未被重视。

夏小姐出身书香门第，父母对她从小要求严格。从小学到大学她历任班干部。她性格内向、敏感、胆小、压抑，不够自信，追求完美。很多大型外企都有一套很成型的组织管理体系，上面一旦决策下来，下级被要求严格实施执行，较少鼓励创新。思想活跃的夏小姐遇到风格沉稳的上司，感到没有被重视，心里自然会有失落感。由于夏小姐的一些个性的缺陷，使她不会很好地及时与上司、同事沟通，而是把职场的怒气和不快指向自己或家人，采取压抑、回避、退缩的行为模式来应对工作中的矛盾冲突，让自己感觉很受伤。

如果你工作兢兢业业，却不如那些能力比自己差但会和领导搞关系的人受重用，这使你觉得自己没有得到公平的待遇。在这种处境中，不仅压抑人的良好心境，对人体健康产生不利影响，而且会扼杀聪明才智与创造才能。

幸福女人的心灵处方

（1）不必事事苛求公平。人的心理常常受到伤害的原因之一，就是要每件事都应当公平。其实，世界上根本就没有绝对的公平，所以我们不必事事都拿着一把公平的尺子去衡量，否则就是自己和自己过不去。

（2）设法通过自己的奋发努力来求得公平。比如，有些人认为只要工作踏实肯干、业务能力强就应得到领导的青睐，而把主动与领导搞好关系的举动错误地当成了溜须拍马。其实，领导也是人，而人都需要得到别人尊重与肯定，所以有些看似不公平的事正是自己不成熟的观念与言行造成的。

（3）改变衡量公平的标准，不公平是一种进行比较后的主观感觉，因而只要我们改变一下这种比较的标准，也能够在心理上消除不公平感。比如，自己这次没评上职称，觉得很“不公平”。但是如果换一个角度想想，就会发现这次评选职称的名额有限，许多和自己条件一样甚至强于自己的人也没评上，也许这样一想，你也就能心安理得了。

中年女性怎样面对心理压力

人的一生中，有两个重要的转型期，一个是青春期，一个就是中年时期。在这一时期，人的身体处于神经——内分泌的调整时期，可以说是一个多事之秋。尤其是处于这一时期的的中年女性，她们生活压力大，家庭负担重，承受的心理压力往往远远超过男性。

这些压力主要表现为以下三对矛盾。

（1）工作与家庭的矛盾。工作要求敬业、进取和开拓精神；家庭里却被要求成为温柔、贤惠、本分的妻子、母亲。这种不同角色的反差所引起的冲突，必会对她们心理产生影响。

（2）社会生活与家庭生活的矛盾。传统上，中年女性被要求在家庭生活中担负比男人更多的责任，因此她们在社会上与男性竞争时，不得不背上沉重的包袱，从而加大了压力。

（3）过高期望与这一期望难以实现的矛盾。不少中年女性事业心较强，对自己的期望值比较高。但是，由于社会性别的歧视，有些人常常遇到挫折，使期望难以实现，以致出现心理障碍。过重的心理压力必将导致身心疾病的产生，损害自身的健康。在生理方面，中年女性往往有一种疲劳感，自觉身体虚弱无力，即便多休息也不易缓解。此外，还容易出现头晕、偏头痛、痛经、月经不调等症状。有过重心理压力的女性，可能有长期或频繁发作的烦闷、不快和失眠，或出现暴躁易怒、空虚、无故悲伤和失落感。那么中年女性应如何调节心理压力呢?

幸福女人的心灵处方

（1）保持良好个性。中年女性应注意培养踏实、克制、有涵养、坚韧、热心、勇敢的个性，不要软弱、孤僻、过分内向。

（2）保持健康的情绪。热爱工作，热爱生活，热爱自然，向往美好的未来，经常提出有上进性的目标，激发健康情绪，防治消极情绪。正确认识自身与常观规律，适应规律。心胸豁达，不囿于一时一地的得失成败。

（3）增强适应能力。中年女性要努力调整自我，增强适应能力，学会对各种现象作出客观的分析，正确的判断；在生活中遇到矛盾时不退缩、不沮丧，树立起战胜困难的信心和勇气。

（4）善于解脱压力。人生征途上常是顺境与逆境交替，失败与成功并存。中年女性要做到遇事想得开，不钻"牛角尖"，身处逆境时能进行自然安慰、自我解脱，始终保持良好的心理状态。

（5）及时宣泄不良情绪。当感到巨大的心理压力和出现悲伤、愤怒、怨恨等情绪时，要勇于在亲友面前倾诉，作合理的宣泄；在他们的劝慰和开导下，不良情绪便会慢慢消失。

（6）建立良好的人际关系。中年女性在家庭中既要赡养老人，又要培育子女，这就要求处好人际关系。首先要理解、尊重他人，真诚相待。理解与宽容是处理好人际关系的两大法宝。

（7）科学生活方式。生活单调是许多疾病形成的原因之一。建立文明、健康、科学的生活方式，对于提高身体素质，防止积劳成疾至关重要。合理安排生活节奏，做到起居有常、睡眠充足、有劳有逸，学会在繁忙中求得休息，培养广泛的兴趣爱好，工作之余养花植树、欣赏音乐、练习书法、绘画、打球、练太极拳等，可以怡人情志，调和气血，利于健康。

（8）加强体育锻炼。选择适合自己的锻炼项目，持之以恒。

放弃不等于失去

在开导别人时，我们经常说要拿得起，要放得下，可当事情轮到自己头上时，才真正明白“拿得起”固然容易，可要做到“放得下”，的确很难。这里所谓的“放得下”，其实是一种心理状态，就是遭受打击或者不如意的事情时，能轻松的把心理上的重压卸掉。我国著名学者季羡林老先生的养生经验就是奉行著名的“三不主义”，其中重要的一条就是“不计较”。这是“放得下”的心理素质的最好体现。

实际情况是，在工作与生活中“放不下”的事情真是太多了。比如孩子们升学，做父母的心就很难放下；又比如丈夫的事业前途起伏不定，老婆也会忐忑不安放不下心，怕男人有钱变坏了；再如遇到挫折、失落或者因说错话、做错事受到上级或同事指责，以及好心被人误解受到委屈，于是心里总有个结解不开、放不下，等等。总之有些朋友就是这也放不下，那也放不下，想这想那，愁这愁那，心事不断，愁肠百结。长此以往势必产生心理疲劳，乃至发展为心理障碍。

英国科学家贝佛里奇指出：“疲劳过度的人是在追逐死亡。”我国唐代著名医药家，养生学家孙思邈，享年102岁。他在论述养生良方时说：“养生之道，常欲小劳，但莫大疲……莫忧思，莫大怒，莫悲愁，莫大惧……勿把愤恨耿耿于怀。”他指出这些心理负担都有损于健康和寿命。事实也是如此。有的人之所以感到生活得很累，无精打采，未老先衰，就因为习惯于将一些事情吊在心里放不下来，结果在心里刻上一条又一条

“皱纹”，把“心”折腾得劳而又老。

治病救人讲究“对症下药”，如果你被上述情况所困扰，我们给你开一个最简单可行的方子：万事“放得下”。在十年浩劫时期，有位从部队调到地方工作的师级干部，因不服某些社会现象的横行，而被打成“老右派”。当时批判他的大字报铺天盖地。但这位干部也真绝，在大热天居然披着棉大衣去看大字报。别人以为他“发寒热”，他却幽默地说：“这就叫心定自然凉。”有位著名演员在受审查的“牛棚”里，不但说笑如常，而且还自编了一套“牛棚健身法”，直到如今，他还在用此法锻炼身体，年过八旬照样到戏曲沙龙引吭高歌。

“不管风吹浪打，胜似闲庭信步。”这是一种境界，一种“放得下”的超然之境。具体一点讲，在通常情况下，“拿得起，放得下”的洗礼素质主要体现于以下几方面：

（1）把虚名放下。一项调查显示，越是高智商、思维型的人，患心理障碍的比率相对来讲反而越高。其主要原因在于他们一般都喜欢争强好胜，对名看得较重，有的甚至爱“名”如命，累得死去活来。倘若能对“名”放得下，就称得上是超脱的“放”。

（2）潇洒地放开紧握金钱的手。正如李青莲在《将进酒》中所道：“天生我材必有用，千金散尽还复来。”放开紧握金钱的手，是最为潇洒的“放”。

（3）把忧愁“放”到九霄云外。现实生活中令人忧愁的事情太多了，就像宋朝女词人李清照所说的：“才下眉头，却上心头。”忧愁可说是妨害健康的“常见病，多发病”。狄更斯说：“苦苦地去做根本就办不到的事情，会带来混乱和苦恼。”泰戈尔说：“世界上的事情最好是一笑了之，不必用眼泪去冲洗。”如果能对忧愁放得下，那就可称是幸福的“放”，因为没有忧愁确是一种幸福。

（4）把情放下。人世间最说不清道不明的就是一个“情”字。凡是陷人感情纠葛的人，往往会理智失控，剪不断，理还乱。把情放下，让理智给人生做主。

有一句经典的中国古语：“宠辱不惊，看庭前花开花落；去留无意，望天上云卷云舒。”让我们一起来学会“放得下”，以此来增强我们的心理弹性，共享“放得下”的养生福分。

幸福女人的心灵处方

（1）只跟自己比，不和别人攀。不要以为自己非得十全十美，别人才会接纳自己、喜欢自己。一旦发觉自己不如人时，就开始伤心、自卑。应该用自己当衡量的标准，只跟自己比，不和别人攀，要相信今天比昨天好，明天比今天更好。

（2）要学会激流勇退，激流勇进每个人都赞同，但退就有异议了，拿得起，也要放得下。能屈亦能伸，放弃吧，也会是一处幸运，惟有放弃，才会有更多的精力去迎接更大的挑战。

（3）要有自信心，失去是为了更好地得到，人生长河中，许多东西我们都会接触到，如果没有恒心，那一样也得不到。临渊羡鱼，不如退而结网。所以看似今天不再钓鱼，实刚是为今后获得更多的鱼而努力工作。要对事情有信心对自己有信心，暂时的挫折失意，不可能左右开往成功彼岸的船向。

会犯“傻”的女人最聪明

俗话说：“聪明的女孩人人爱！”但许多事实证明，太聪明的女人并不可爱……虽然有的女人相貌长得出众，但是因为太聪明，或者说话方式太冲，让别人无法接受；有的女人在表述一个观点或反驳别人的意见时，总是口若悬河、直抒胸臆，也不管别人受不受得了。有时只不过因为自己和别人对某事的看法不太一致，或者在谈话间谁犯了知识性的错误或是逻辑错误，也会被她毫不留情地指出。特别是在人多的场合，在别人谈兴正浓时，突然被她捉出一个硬伤，大煞风景不算，还弄得很没面子。这样的女人会让人觉得不舒服。再漂亮的脸蛋，看多了也就这么回事，而太过凌厉的个性，只能让人敬而远之。其实，有很多时候，女性不必这么聪明的。又不是商务谈判，更不是什么原则性问题，何必咄咄逼人呢。肚子里有再多的墨水，也不必成天卖弄，藏在心里，有麝自然香。搞不清高尔基是哪个国家的人，也不是什么大不了的事情，何必非让人家下不了台呢。正常情况下，学历高、聪慧又漂亮的女孩子，处朋友本应没有任何问题，但高智商的她们，往往又一眼识破了男人们的甜言蜜语，看穿了男人们的拙劣把戏，自然恋爱也谈不起来。聪明的女人，善于洞察一切，总是能一下子击中要害，让人无所遁形。聪明的女人，太有威胁性，没有安全感，所以男人最怕聪明女人。生活中，最受欢迎的大概就是“傻傻”的小美人了。她们总是比男人“笨”一点点。能理解男人在说什么，却表现得永远不会比他懂得更多，看得更远。记住，太聪明的女人不可爱。收起锋芒，做个会装傻的聪明女人吧。聪明的女人懂得什么时候该聪明，什么时候该装傻。可是，“装傻”应该怎样做呢?

“装傻”，是一种技巧。它不是要你时时都在“作假”，如果这样，这个人反而成了一个比傻子还“傻”的人了。它是为某种需要，而做出适时的“装傻”之举。“装傻”是一种有一定深度和很大技巧性的艺术。要在生活中适时地运用“装傻”手段，去趋利避害。为人处事，就要从细微处培养自己的洞察力与辨别能力。只有当自己站在一定的高度看人看事的时候，你才能从全局上把握时机，从发展中寻找突破口。

幸福女人的心灵处方

（1）要达到“装傻”的境界。这是聪明女人的处世哲学。其实“装傻”并不是让人唯唯诺诺，忍气吞声，任何事情都有它的模糊地带。

（2）换一种方式，把生活中的小事模糊处理。这也是老子所谓的“大智若愚”的观点，而且这样做才是真正聪明女人的处世经。

不要拿购物当“心药”

在生活中我们发现，面对难以排遣的坏心情，男人和女人有着截然不同的宣泄方式。男人们多以烟酒为伴，而女人则会直接去商场“血拼”。在这里，我们重点要说女人的问题。不管出于什么目的，“血拼”和消费都无可厚非，但如果你的购物欲望超过你的经济能力或是购物已经超出了适当性，且每次购物后都为自己的行为后悔，多次的反复，这样你就是“购物狂”了。不要以为这是一个褒义词，其实这是一种心理偏差，是不正确的宣泄途径，应该进行适当调整。

最近看到一组调查数字，让我很是震惊，在极端情绪下消费的女性竟然高达46.1%，女人的行为方式真让人匪夷所思。不仅是我们国家，外国的情况也一样，美国加利福尼亚州立大学在一次类似的调查中也发现过相同的问题。在该次调查中还指出，男性情绪化消费的比例要低得多。为什么购物狂多数是女性？答案与各国的文化传统普遍接受女性购物较多有关。

研究结果证实，有必要在那些为了自娱自乐而反复购买某种物品的购物者与那些已经购物成癖的人群之间划出界线，对于后者必须进行心理治疗。

典型性的购物癖患者至少每个星期都会进行一次疯狂的大采购，她们好像受到了强制一样，去买一些根本用不着的东西，事后感到非常后悔。另外，这些人由于并不十分富有，所以经常会陷入财政困境。

心理学家分析说，这些人往往生活中有自卑感，希望通过购物来发泄某种压抑的情绪，或是用这些外在的物质刺激来填补内心的空虚，结果是，“她们只是在买东西的过程当中感到快乐，而物品一旦到手就失去了吸引她们的魅力”。

在这一消费群体看来，无论是什么样的事情，“去大肆采购一番，然后想尽办法把钱花光，心情也就好了”。似乎在不如意的时候，购物和大把地花钱是她们用来缓解压力、平衡情绪和宣泄无奈的最佳方式。

1. 为平衡情绪买单

朱某是某科研院所里德高望重的人物，这次老所长退休，她是理所当然的接班人。她每天都急切地等待这个好消息，但是，新所长却是从其他的单位调来的，朱某的希望一下子破灭了，十分懊恼，想找朋友谈谈，又觉得说不出口，很丢人。当她无目的地在路上走的时候，正巧路过一家商场，就顺路走了进去。在商场中，服务员热情地介绍了她要看的东西，当她买下的时候，还夸朱某有眼光，有品位。这样，朱某把兜里的现金花光后，又接着刷卡，卡透支后，才拿着东西，兴冲冲地回家了。到家后，她看自己买的东西很多是没用的，又想到丈夫回家后的一顿呵斥，心情更加郁闷。

分析：“不想当将军的士兵不是好士兵”，但当不了将军的士兵，也不见得就不是个好士兵。有进取心是值得表扬的，但对一些事情，人们要正确认识。有很多事情，存在的决定因素很多，有些是可以想到的，有些因素也是事先无法预知的。且领导的欣赏水平也不一样，一件事情只要尽力了，就不要过度地自责。像朱某这个情况，应当找朋友聊聊，不要有自卑心理，适时地把不良情绪宣泄出来对于自己的身心都有好处。疯狂地购物，也许在当时来说是有效的，但却要付出金钱代价，买了许多不适用的东西还是要后悔，那就得不偿失了。疯狂购物是一种非理性的表达，偶尔一次还可以，但是一旦形成了恶性循环，后果将不堪设想。

2. 为缓解压力买单

林娟是外企的白领，平时工作的压力很大，老板交代的任务很艰巨，完成得不好还要受到老板的质疑，有时也情不自禁地想，自己能力是否存在问题。有一次她在很压抑的时候到商场逛了一圈，买了很多的东西后觉得很过瘾。于是，她接着买了更多的东西，在商场中重新找到了自信。可是回到家中才想起，明天要交的创意还没做，自己的房租还没交。

分析：很多的白领阶层，都有很大的精神负担，当她为了缓解压力而到商场购物时，商场给她提供了展示自我的舞台，她说服务员都会关注她，受到了服务员的重视，她的欣赏目光也会得到肯定，当她买单时，还会让服务员很羡慕，对她的能力给予肯定。但是她离开了商场这个特定的环境，一点也不能激发她工作的热情，反而会因为她的提前透支，平添更多的烦恼。

3. 为失落情绪买单

前几天刘曦接到男友的电话，说他们不适合，应该分手，让她以后找个合适的男友，并请刘曦以后不要再和他联络。刘曦还没缓过神儿，男友已经挂了电话。再打，他已经关机了，找到他租的房子，房东说已经搬了家，问他的朋友，都说最近没什么联系。就这样，刘曦在家待了两天，两天中她不停地想，自己到底哪里没做好，哪里出了错。想到她为男友付出的点点滴滴，他却甩了自己，她觉得现在这样折磨自己真是不值，于是决定重新振作起来，首先要做的便是买东西，彻底地改变自己。于是她拿着自己的全部存款，到商场疯狂购物，把自己平时很喜欢、又没舍得买的东西买了个遍，即使是现在不使用的东西，只要自己觉得好，就统统买下，直到信用卡透支。但当她回家后，依然觉得很难过，这堆东西没能抚平她失恋的伤口。

像这样的情况生活中很常见，特别是女孩子失恋或是心情不好的时候，要么疯狂购物，要么就到饭店海吃一顿，还有的疯狂上网，所以现在才会出现这么多的“购物狂”、“贪吃狂”、“上网狂”。当她疯狂购物时，她的很多观点会得到服务员的认可，使她产生一种归属感，用金钱找回被朋友抛弃的平衡。但离开商场后，她还会觉得失落。当你选择这种快速的满足方法时，一定要有个限度，对自己的购物需求要有准确判断。不要当你不高兴、空虚或工作中遇到挫折时就去购物，因为你购物回来后会很快又产生失落感，然后再买，陷入到恶性循环中，永远也找不到解决问题的真正方法。

幸福女人的心灵处方

（1）上街购物时加强计划与目的性，打算买什么就带上相应数目的钱，不要使用信用卡，这样可防止“冲动性”购物。

（2）独自一人上街，又有孤独感受时，常常经不住货主的劝说而掏了腰包。缓解的有效方法是：对可买可不买的商品狠狠地杀价，这势必造成碰壁或讨价还价之局面，而且砍价可使人不再孤独。

（3）将所买的东西统计一下，看看哪些是没用的，哪些东西是多余的，并计算出你浪费金钱的数目和由此产生的利息或投资损失。

（4）心中空虚、压抑、无聊时，最好的解决方法是去做些较激烈的体育运动，而不去逛街购物。

（5）强化期待心理。对欲购物品尽可能地发现它的不足与缺点，这样你可在期待更完美的物品问世的情绪中，缓解购物欲望。

（6）采用“改日再来”的延缓方针。在垂青某商品时，先不急于掏钱，而是暗示自己：“改天再来吧”，下次来时由于心情变化，购物欲可能下降。

是谁让你这么敏感

有一项心理研究曾经提出了这样一个有趣的观点：随着时代一起进步的，还有人类敏感的感情细胞。事实也的确是这样。你有没有发现自己敏感的神经随时都可以被调动起来？比如电视剧中一个虚构的场景，偶遇的一场车祸，朋友经历过的一段陈年旧事，等等，这些是不是可以在你心中激起一阵小小的涟漪？当你感到自己受到伤害的时候，心中便升起极度委屈的情绪。比如在商场里，如果售货员用干巴巴的口吻对你说“没有你要的尺码”，你的心情立即就会变得很坏。你还敢说自己不敏感吗？

你不能接受别人对你的负面评论。虽然你也走上了工作岗位，给自己披上了一个职业女性的外壳，显得果敢而练达，但是在别人对你的工作提出某种批评时，你会好几个小时在那里琢磨，缓不过劲来。

朋友说了在你看来很难接受的话，你就会耿耿于怀，心里不舒服。他们的言语越是在你心里挥之不去，你就越感到无法释怀。而如果你感到身边的朋友欺骗了你，那情况就更糟了，你会一连好几个星期躲在家里医治心灵的创伤。其实你知道，应该从自我沉默中走出来，重新与朋友交流，否则很快你就不会再有朋友可以去一起逛街或下馆子了。

这些都是敏感心理的普遍反应，也是一种社会病，存在极为普遍。因此要正确认识和调适自己过度敏感的心理。

真正了解自己敏感的根源。过度敏感往往是不成熟的表现。遇到微妙又棘手的事情，受了一点点委屈，眼泪很快就涌了上来，于是跑到洗手间去哭。当自己敏感的神经被激发出来的时候，应该问自己几个问题：是谁让我这么敏感？我敏感的是什么？我不敢说出口的又是什么？

比如，你在你的上司面前哭泣，是因为你缺乏自信还是惧怕权势还是内心世界潜藏着别的什么原因？心理治疗学家说，“当过去的痛苦经历再次出现的时候，人们往往会变得过度敏感。”结果是，别人碰到了你的痛处，你就不能自制了。

不要让坏事影响自己的心情。过度敏感的人都有一种自贬自责的倾向，一个小小的挫折都往心里去，随即开始怀疑自己的全部。于是，所有外界的批评都是有道理的，应该的，一切都是自己的错，很快就变成了：我自己一无是处，太平庸了，是个傻瓜……其实，搞清楚敏感的根源之后，再遇到不愉快的事情，稍微进行一下自我反省就可以了，并不需要对自己进行全面检讨继而全面否定。

心理学家说：“如果一个指责很过分，那么你也要懂得回敬那个指责你的人，不要让别人自以为有权利无端指责你。”碰到让你伤心的事，要努力寻找一个解脱的办法，比如你可以向朋友倾诉。越跟别人多交流，就越能从相对化的角度看问题。原本认为很严重的事，其实并没有那么糟糕；原本天大的事其实也很渺小。有了一次经历，下次就能够轻松地面对，要让自己从内心里接受正在发生的一切，全世界对你的微笑都会是灿烂的。生活虽然不会有太多轰轰烈烈的事情，但是你的生活也绝对没有理由总是处于消极的状态中，要珍视那些小小的快乐。过度敏感的人的弱点在于他们缺乏自信心，总是在寻找抱怨的理由。结果是，即使别人发自内心的赞扬也不足以让他们往好处去想。所以，为了克服这种情况，过度敏感的人要学会自我赞扬，要培养一种积极的思维。

敏感的人是一个更善于倾听、观察细致的人。他们有很敏锐的知觉，能一下子就看出人性中的弱点，如言不由衷的阿谀，欲言又止的犹豫和眼神中流露的不信任，一切都逃不过他们的眼睛。虽然敏感的人容易想得太多，跟自己过不去，但这种人却可以是一个有心人，不至于撞到了南墙还知回头。

过度敏感的人可能会更快地意识到问题，而不会对周边事物视而不见。或许我们从敏感者的身上可以获得某种启迪，那就是防止让自己变成心理麻木者。别人提出批评时，问问自己，他的话有没有说错的地方？

如果能这样，那么别人的批评对你的进步和成熟便是起了建设性的作用了。对于那些不喜欢你的人，你有没有想过一定要改变他们对你的态度，要让他们喜欢你，将这个目标变成自己不得不迎接的一种挑战。真正有这种思维方式并能够做到这一点的人并不多。然而一旦你做到了，你对人性的适应能力便会超过你的同事，就会让你拥有更多的机会。

幸福女人的心灵处方

（1）不要对别人有偏见。当发现自己的想法跟别人不一样时，一定要换一下位置思考，是不是自己的偏见在影响自己，因为很多敏感出于个人的偏见。因此，当有了某种疑虑时，不妨先调查一下，看一看猜疑与事实是否相符。

（2）增强自信心，增加良好的自我感觉。只要自己真诚、热情，就会增加自己的吸引力，所以对自己要有信心。同时要多参加学校的各种群体活动，在群体中学习人际交往的知识。

（3）加强沟通。尊重性的询问会有利于问题的解决。

（4）心胸要宽广。遇事应该乐观一些，大度一些，不要对人和事情都过于敏感。朋友之间最重要的是宽容，不能斤斤计较，处处表现出比较在意别人的态度，如果时间过长，会让人产生与你交往不舒服的感受。有些时候不要太要面子，有些时候放低些自尊，反倒会赢来别人的尊重和友谊。

不要苛求完美

从心理学来说，“完美主义”是对身边事物的一种过分极端的追求。那种完善自我，健康地追求完美，并且在努力达到高标准过程中体验到快乐的人，不是完美主义者。心理学上所指的完美主义者是那些把个人的理想标准和道德标准都定得过高，不切合实际，而且带有明显的强迫倾向，要求自己去做不可能做到的事的那种人。

事事苛求完美的人往往不愿意接受自己或他人的弱点和不足，非常挑剔。比如，让自己保持优雅的姿态、不俗的气质、温柔的谈吐，这就是为自己定了一个过高的理想标准，而且也带有强迫的特征；会为一个自认为不优雅的姿态就紧张焦虑，这也并不是一个健康的追求完美的正常心态。

这些所谓的完美主义者表面上看都很自负，其实内心深处却是非常自卑。比如，很少看到自己的优点，总是在关注自己的缺点，而且总是不知足，也很少肯定自己。不知足就不快乐，周围的人也一样不快乐。所以，学会欣赏别人和自己是很重要的，它是进一步实现下一个目标的基础。

在人际交往方面，为了维护自己这个完美的角色，完美主义者常常生活在一个狭小的圈子中。比如，很想可又不敢融入到群体中去，怕暴露了自己的弱点。不敢表露自己的感情，不敢表达自己的观点和态度，给自己制定了太多的条条框框，以完美的标准要求自己，带给自己的却只有沉重的压力和深深的自责。对于别人的褒奖，只会感到诚惶诚恐，认为自己还差得很远。违心地满足别人的要求，委屈自己，打肿脸来充胖子。

20世纪70—80年代，在美国心理治疗界发现有这样一类求治者：他们是成功的商人、艺术家、医生、律师和社会活动家等。他们在自己的领域如鱼得水，出类拔萃，但他们的努力并未给他们带来所期待的幸福生活。

心理治疗专家们发现他们具有这样一些共性：他们的成功既不能给他们带来成就感，也不能带来一个完整、独立的自我感受。他们寻找心理治疗以期给自己的生活带来意义，并克服空虚感。

相关的专家发现这类人的自我系统处于分离状态：一方面，当他们获得成功时，他们可以体验欢欣；另一方面，在他们的内心深处却隐藏着深层的无价值感和自卑感。正是这种匮乏导致了他们将无所不能的完美主义倾向当作护身的盔甲。他们抱怨所有的成功都不能给自己带来快乐，没有人理解他们，他们也不能理解他们自己。

这些具有完美主义倾向的人，几乎全与童年的家庭教育有关。他们的父母对孩子树立的标准太高、太完美，在任何时候都是贬低他们而不加赞美。于是久而久之，这些孩子也就学会了总爱找自己的过错，认为自己不配被赞扬和被尊重，并以自我挑剔和自责为习惯，甚至产生了一种自虐的“快感”。

改变这种可怕性格的方法就是当事人重新树立评价自己的标准，改掉原来那种完美的、苛刻的、倾向于全面否定的标准，树立一种合理的、宽容的、注重自我肯定和鼓励的标准，学习多赞美自己，把过去成功的事例列在纸上，坦然愉悦地接受别人的赞扬并表示感谢。

有人问一位走红的国际女影星是否觉得自己长得完美，她说：“不，我长得并不完美。我觉得正因为长相上的某些缺陷才让观众更能接受我。”能认识到自己有种种不足并能宽容待之的人，可以说是自信的，心态也是健康的。人生并非上帝为人类设计的陷阱，好让他谴责我们的失败。人生也不是一盘棋，如果走错一步那么步步皆错。人生其实就像踢足球，即使最伟大的球星也会在比赛中失误，我们的目标是努力发挥最佳水平，但不能要求自己脚脚都是妙传甚至是射门得分。

可见，醉心于追求“完美”的人，其实是不完美的。因为“完美”毕竟是抽象的，只有生活才是具体的。生活中有不少“完美”并非靠追求就能得到，相反，生活中有许多遗憾是无法避免的。假如我们在心理上战胜了这些，我们的内心就会稳健许多，就会重新感受到生活的乐趣。

所以，不要以为只要自己尽心尽力去做的事，一定就会达到完美。应认真思考，自己到底需要什么？不要压抑自己，也不要太在乎别人的言论，要为活出自己的特色，活出自己的风格而努力。

“最完美的商品只存在于广告中，最完美的人只存在于悼词中”完美永远是可望而不可即的。当我们不再注意自己是否完美时，或许有一天我们会惊喜地发现往日渴求的完美，今天已经具备。

字典中“完美主义”是指对事物要求尽善尽美，愿意付出很大的精力去把它做到天衣无缝的地步。可见，完美主义并不完全是坏东西，对于某些人和职业甚至还是很必要的，比如音乐、美术、服装设计等。但是如果对周围的一切事物都追求尽善尽美的话，就脱离了现实，容易引发心理问题。因此，我们应坚决地和完美主义决裂。

幸福女人的心灵处方

（1）对“失败”要重新认识。谁都会遇到失败，不同的只是失败的多少而已。失败并不可怕，可怕的是对失败的消极态度。“不经历风雨，怎么见彩虹。”应把失败看作是自己前进道路上宝贵的反面经验，相信这一次失败之后一定就是成功。

（2）宽以待人。完美主义者是仔细周到的人，但是你要小心，不要总是指出别人的错误，让别人反感和紧张。也不要因为做事不合你的要求就牢骚满腹，尤其是对你的孩子。

（3）学会接受不完美的现实。没有十全十美的人，没有十全十美的事物，这是客观事实，不要逃避，也不要苛求。

（4）放松对自己的要求。为自己确定一个短期的合理的目标。目标定得太高，形同虚设，反而欲速则不达；目标定得太低，轻轻松松过关，自身的潜能受到抑制，很不利于自己水平的提高。目标定位的原则是“跳一跳，够得着”，正因为目标合理，每次总能接近或超过目标，这样下去，才能培养起成就感和自信心，在以后的学习和工作中就会取得优异的成绩。

豁达让你受欢迎

对于一个职场丽人而言，豁达往往会让她有更好的人际关系，对于一个企业而言，宽容开朗则是创造和谐气氛的调节剂。事实证明，一个人自身的豁达开朗是引起他人愉快的一个重要因素，也是建立良好人际关系的一大法宝。豁达开朗的人通常比较宽容，能够对上司和同事的不同的看法、思想、言论、行为以至宗教信仰、种族观念等都加以理解和尊重，不会轻易把自己认为“正确”或者“错误”的东西强加于他们。这样的人即使不同意别人的观点或做法，也会尊重别人的选择，给予别人自由思考和发表自己观点的权利。

根据调查，长寿者大都心胸开阔、不易发怒、性格豪爽、为人热情、乐于助人，办事爽快轻松、说话诙谐风趣，同时又很善于工作。拥有豁达的心胸，自然容易长期保持愉快的心情，从而有力地保护大脑机能，调节神经系统，促进内分泌系统、心血管系统、消化系统、免疫系统等正常功能的良好发挥，使机体达到最佳状态。只有如此，才能延缓脏器的衰老进程、减少疾病、延年益寿。毋庸置疑，心胸狭窄、忧愁多者，患病机会多；而心胸豁达、乐观向上者，患病机会少。其实这也是尽人皆知的常识。

从心理学的角度讲，豁达、开朗是实现自我满足的源泉和令人产生轻松愉快从而赢得上司、同事和客户喜爱的重要因素。因为，豁达开朗能使人实事求是地、坦白真实地对待自己，对待自己的事业、自己的行为与企业目标的关系以及自己的评价。而且还敢向自己和他人公开自己的想法，发表自己的意见，勇于让别人了解自己，善于自我认识，敢于接受别人对自己的评价，从而获得一个真实自我的反馈。豁达对于职场女性而言，这有利于激活其创造性的愉快的心境来代替忧郁、苦恼的情结。因此说，行走在职场中的人，必须要有宽宏大量的心理，这样你才不会吃亏。

幸福女人的心灵处方

作为职场女性，要真正地做到豁达开朗，就必须气度宏大，胸襟宽广，因此需要学会“容人”，这是具有豁达开朗情绪的前提条件。具体说来，有以下几个方面的内容：

1. 容人之短

用人时要用人之长，容人之短。事实证明，凡是能宽容人短处而大胆用人长处的人，多能成就一番事业。一些才能出众的人，其缺点往往也较突出，正所谓“有高峰必有深谷”。在选人用人上，应该切忌求全责备。为此，也要具有用人不疑的胸怀，即选用一个人后，应该对其以诚相待，切忌猜疑。这是容人之短的一种深层表现，也是获得豁达开朗情绪的思想基础。

2. 容人之才

要善于容忍那些才能高于自己的人。人各有所长，又各有其短。在一个单位里，肯定会有能力比自己强的人。如果能把某方面能力比自己强的人紧紧团结在身边，就会培养出取各家之长于一身的素养，使自己离成功更近一步。

3. 容人之过

每个人都可能会犯错，但犯了错误不一定是坏事，因为错误常常是正确的先导，正视错误可以使人变得聪明敏捷。而且，容人过错可以调动犯有过错的人的积极性。因为有过错的人往往比有功劳的人更容易接受困难的工作。容忍有过错的人本身，对有过错的人来说就是一种强大的激励力量，就足以使其一跃而起，创造出令人惊叹不已的成绩。特别是他们犯错误而受到社会歧视和冷落之后，其最大愿望往往就是恢复自己的价值和尊严，重新获得同事的认可与社会的肯定。如果你一旦为他提供了这种机会，他会感激你的尊重和信任，从而会迸发出超乎常人的热情和干劲，完成常人难以完成的任务。

第六章

话要少说一点，事要多做一点

愉快而简单地工作

工作的实质是什么？对于那些有作为有影响的成功人士来说，工作的实质就是乐趣，就是快乐。而对于那些一事无成的失败者来说，工作无异于痛苦的深渊。为什么会有这么大的差别呢？对待工作的态度与事业的成功有着怎样的联系呢？经过分析后，我们发现，当我们把工作的焦点放在获得乐趣时，不但越做越有趣，也越做越有劲，工作表现佳，当然更可能会越做越有钱。相反的，如果是整天在心情上背负着“为钱而做”的沉重十字架，一旦在工作上遇到个风吹草动，就很容易陷入“我真无奈”的愁苦之中，既赔上心情又毁了表现，恐怕也会离成功离财富越来越远。

是的，每个人想要过得幸福的人都应该把工作当成乐趣，但一个最大的问题是：如何在单调乏味的工作中，找到可以令我们愉悦的乐趣呢？如果你也想到了这样的问题，我们可以告诉你，乐趣根本不需要去找，乐趣是用心体会出来的。心理学家提醒我们，快乐的动力来自心底，而非建立于外在的收获。“找”乐趣的人会给快乐设下条件：“等我完成工作就会快乐”；“等我赚够了钱就会开心”；或“等我换了上司就会高兴”，所以积极地追求目标，一心一意地想往快乐的道路大步迈进。

快乐也是如此，你不要固执地寻找什么通往快乐的路，因为快乐本身就是道路，你无时无刻不在快乐的路上。一个感受不到快乐的人，即使她买彩票中了一亿元，依旧找不到乐趣：“有了一亿又怎么样，上一期那个中了三亿的，还不照样不快乐！”

而一个拥有体会快乐能力的人，不论外在环境状况如何，都总能发挥心理健康作用，时时感受到轻松与喜悦。

所以，我们要跟你说的是，快乐也好，乐趣也罢，它们就在你身边，真正的问题该是：怎样去珍惜和感受它们！

幸福女人的心灵处方

1. 用一颗专注的心去感受

如果你不快乐，那么请试着放慢急匆匆的脚步，专注地感受当下的点点滴滴，不妨从“一次使用一种感官”开始，例如，吃饭时闭上眼耳，只专心感受食物的味道；听音乐也全神贯注“听”出感觉……接着就能在工作时练出心无旁骛的专注。只有专注，才可能有感触。

2. 感受快乐需要你感激的心

有关快乐的研究文献有千百种，结论也不尽相同，然而每一个研究都会提到二个字：感激。也就是说，感激是快乐的激活力。时时提醒自己生活中值得感激之处，你就会立即感受到快乐的舒适。很棒的一个念头是：“感谢老天爷，我是……”。事实上，经专家研究指出，如果你在心情低潮时想三个值得感激的原因，就能扬弃负面的情绪，重新感受快乐。

所以，请放弃向外寻找快乐的念头，而培养感受乐趣的功力。这样一来，你就能每天都像亿万富翁一般的快乐工作！

职业女性：别让依赖成为习惯

今天很多的职业女性成了“半边天”最好的注脚，所有男人们的岗位，她们一样可以胜任，并且完全可以出色地完成任务。越来越多的职业女性在竞争激烈的职场上用自己的实力，在男性同事间赢得了无可置疑的尊重。这是一个好现象，是社会进步的象征。但也有些不容忽视的问题，比如依然有一些职业女性们对身边的同事、上司、家人有严重的心理依赖感。

经过专家们大量的研究和分析，职业女性的依赖心理有以下几种。

缺乏自信型：也可以说是畏惧困难。传统的社会文化，始终把女性塑造为柔弱的、需要保护的对象，这给她们意志力的形成带来较大的影响，因而遇到困难时总希望有人来帮助自己。甚至有的女性作为老板，或部门领导者，在遇到困难时不能够保持自信，不能够勇敢地面对，过多地消耗了她们的精力和时间，影响事业的发展。文小姐在大学里性格内向，缺乏自信，但在工作后判若两人，通过自己的不懈努力，在某公司进出口部独当一面，工作相当出色。丑小鸭成了白天鹅，精神面貌焕然一新。但当她突然面临一个业务上的困境，连续几天加班到深夜还是没有解决的迹象时，她工作几年来树立的自信迅速垮掉了。觉得自己的能力不够，转而过度依赖男同事，连其他自己以前能从容应付的工作都觉得自己做不好了。这类女性的依赖性在工作进展特别不顺利的时候表现尤为明显，那时她们会怀疑自己的能力，想要别人的帮助。

缺乏独立型：这类女性产生依赖心理的根本原因是不够独立。这种依赖心理是女性缺乏自立意识和自主能力的表现。很可能是对现有的工作还无法轻松胜任，因此觉得工作“反正有领导安排”，甚至不敢单独去会见客户谈判，也不大愿意主动与客户联系。

寻求认可型：有些女性在征求男同事意见时并不是特别在乎对方的回答。但她需要时机让同事知道她的工作内容，需要大家认为“瞧，她很努力！”这样她感到工作被别人认可了，从而获得心理上的满足。所以她们的倾诉、抱怨或者是征询意见，有时候只是一种交流，一种展示自己的方式，而不是很在乎对方的回答。通过这种交流，她们感觉自己的工作被他人理解、被认可，一定程度上满足了自我实现的欲望。

拒绝责任型：责任与权利从来都是孪生兄弟，在独立做出决定的时候，往往意味着你要独立承担责任和后果。有的女性在工作中一有问题便依赖身边的男同事或领导，很谨慎地不愿做出自己的决定，根本原因在于不愿承担由此带来的责任。

渴望支持型：并不是所有女性对男同事都有依赖的感觉。有的女性在一个问题已有决定的情况下，还是会向身边的人征求意见。她之所以再询问，是在心里期待别人做出和她一样的判断，是希望别人能得出和自己一样的结论。因为女性比男性更在乎群体的评价，更喜欢群体的活动，比如结伴逛街购物、健身练习等。在群体中共同的目标和行为会给女性带来安全感。“大家都这么认为的”，从而感觉获得了支持，对自己的决定更有信心。依赖心理大多是后天形成的，产生的原因也是多方面的，对照以下几种影响，或许就能找到你自己的病因。

传统文化所形成的大环境的影响。经过几千年传统文化的熏陶，我们的社会环境在潜意识中似乎已经有了这样的共识：只是男性才应有雄心勃勃的进取精神、支配欲、权力欲和咄咄逼人的侵犯性与竞争欲，才应有“齐家、治国、平天下”的重任。而女性若要拼命地出人头地，有强烈的成就欲则是反常的，难以理解的，人们显然把柔弱和依赖看成女性天然的标签。

多重的社会角色相互冲突产生的矛盾。大家都知道，女性所承担的各种社会角色之间的冲突在一般情况下要比男性多。在单位，她们要具备敬业、进取和开拓的精神；在家里，她们又被要求成为温柔、贤惠、本分的妻子和母亲。女性的这种社会工作角色与家庭生活角色发生矛盾时，往往两种角色都会受到影响，在家偶尔会露出莫名其妙的傲气，在公司也很可能产生过多的依赖心理。她们需要处理好家庭和事业的关系，保持心理的平衡。

绝大部分男性喜欢温柔顺从的女性，喜欢河东狮吼的恐怕要算另类了。所以当有女性向他们求助时，除非有深仇大恨，一般都是很乐意拔刀相助的。看到身边的女性对自己有依赖感，大部分男性都会暗自得意，似乎满足了一种虚荣心。但对于有过分依赖倾向的女性，又会觉得“女人真麻烦”！因为男性可以接受的是“适度依赖”。什么是适度？既让男性有救人于危难中的自豪感，又不要难得把自己累倒，或是根本帮不上忙反而让他出丑。所以，女人依靠久了，就再也起不来了。

不管怎样，职业女性终归还是女性，有一些女性特有的心理特质都是正常的，其实也没必要完全克服，职业女性适当的依赖正是她们比男同事亲切、容易接近的表现。合适的表达这种依赖感，反而有助于建立同事间的融洽关系，这正是你作为女性的优势所在！

幸福女人的心灵处方

首先要坚决排除“我不行”“我不能”的这种消极心理，树立一种“海到天边天作岸，山登绝顶我为峰”的自信。自信的建立是非常重要的，如果在个人成长的时期有不良印象扼杀了你的自信心，那让那些事件或言语鼓励你做一件事证明自己是能的，那么你的自信便会很快找回来的。

胆子再大一些，要勇于尝试勇于探索，去做一些以前不敢做的事情，如一个人在操场上放声歌唱，不要去在意别人的目光与话语。使自己有自主性，不再害怕孤单，不再有依赖别人的想法。

有了心态，那就要付诸行动，任何事情都是这样，说起来容易做起来难，但是没关系，我们可以制定计划，每天取得一小点成就，同以前不良的行为习惯说再见，这样梯田式的上升，逐渐完善自我。如今天的打印机坏了，自己修好，明天电脑出了故障，学着自己排除，时间长了，你会有一种成就感，价值感，原来我可以做这么多。这会大大增强你的自信，从而使你更加坚定自己的能力，不再依赖别人。

社交中如何保持最佳的、主动的状态

有的人不善于与人交往，尤其怕跟生人见面，这是一种自卑心理作怪。若想在社交中保持一种最佳的、主动的状态，就必须祛除这种心理。

首先在人际交往中，一定要学会正确地估价自己和别人。古语说的好：“人贵有自知之明”，何为“贵”，为何“贵”，贵，说明其难。正确地认识自己的的确确不是一件容易的事。在错误的自我估价中，对交往妨碍最大的，莫过于自卑和自傲，这种心理往往不能使我们不能保持最佳的、主动的状态。

关于自卑心理，在前面的章节已经提到了，在这里再次强调一下。通俗地讲，自卑就是自己轻视自己，看不起自己。自卑的人心情低沉，郁郁寡欢，常因为害怕别人瞧不起自己而不愿与别人来往，只想和人疏远，缺少朋友，甚至内疚、自责、自罪；他们做事缺乏信心，优柔寡断，毫无竞争意识。其实，人各有所长，自己不可能事事都强于别人，反过来也一样。见贤思齐应当鼓励，这其中还有一个量力而行的问题，所以，要防止和克服自卑感，还要注意不可对自己提出过高的要求，在选择目标时除考虑其价值和自身的愿望外，还要考虑其实现的可能性。与其追求那些不切实际的东西，还不如设立一些较为实现的目标，采用“小步子”原则，不断地使自己得到鼓励。最后一点，要锻炼自己的心理承受能力，不要因为一次失败而一蹶不振，或因自己某方面的过失而全盘否定自己。

自傲与自卑相比，也源于错误的自我估计，自傲者喜欢过高地估计自己，在交往中表现为妄自尊大，自吹自擂、盛气凌人，而且不愿和自认为不如自己的人交往。这样的人当然不会受到别人的欢迎。自傲者一旦受挫，往往会较为自卑。自傲者要学会尊重别人，善于发现别人的优点，这样才能有利于客观评价自己，还要学会严于律己，宽以待人。

自卑也好，自傲也罢，都是社交的大敌，当今社会节奏如此之快，信息如此多变，闭门造车早已过时，良好的人际关系是事业成功、家庭幸福的起点，有至关重要的作用。尤其女性朋友们，更应注重社交，因为现代社会的发展已经淘汰了那种只为自己丈夫孩子活着的妇女生活，作为半边天的妇女同男人一样工作、持家，有自己的事业圈、朋友圈，而且要比男人更加小心地经营这些情谊，更讲究社交的技巧。社交的重要性越来越大了，但由于种种原因，我们总感觉社交好难好累，身在其中不但得不到快乐，相反会让自己郁闷，甚至气愤。

幸福女人的心灵处方

1. 不要低估自己，自信一点才能在社交中保持主动

（1）在社交中消除对他人的恐惧症。心理学家列举了几种代表性的社交恐惧症：

①赤面恐惧症。一见生人，脸就红。

②发臭恐惧症。总认为自己的哪个部位如口腔、腋窝、脚发臭，而不敢站在别人面前，实际并没有发臭。

③视线恐惧症。既害怕被别人注视，也总以为自己看对方好像引起别人的反感，因此既怕被人注视，也不敢注视别人。

④貌丑恐惧症。总认为自己容貌丑陋，见人就低头。

感到怕见人的人，是个只注意对方、感情细腻、腼腆型的人。可是，这么一来只会更加羞于见人。不妨改变一下自己的思考方法。世上的人不管怎么想，结论是自己就是自己，无论多么好的

人，无论是谁也不能代替你生存。因此必须具有自信的能力。如果总注意周围的人的评价而自己又没有办法的话，那就自己在心里经常高呼“我就是我，不好吗?”那就一定会产生出力量来。

（2）战胜自己的羞怯心理。如何战胜自己羞怯心理?惟一的办法就是知难而上，害怕什么就战胜什么，有针对性地采取一些办法。

①如果你害怕见生人，那么：

a. 径直迎着别人走上去，心里就想着他欠了你的钱。

b. 训练自己盯住对方的鼻梁，让人感到你在正视他的眼睛。

②如果你害怕在众人面前说话，那么：

a. 在喧哗的人群中大声说话，声音宏亮，让人在喧哗中也能听到。

b. 背诵几篇著名的演讲稿，然后独自大声地演讲。

③如果害怕见到地位较高的人，那么：

a. 想方设法参加有大人物出席的活动，看到他们也同样要端起杯子喝水、用手纸揩鼻涕、咳嗽等，消除心中的神秘感，增强自己的信心。

b. 与地位较高的人会面前，先预设几个话题，使你在与他会面过程中滔滔不绝，不会冷场，下次你就不会再发怵了。

战胜羞怯心理的方法很多，可以自己不断地设置。

（3）多想想自己的长处。人不应该只看自己的长处而无视短处，但当你初次在社交场上失败时，就应该多想想自己的长处了。

在交际场合最大的弱点便是自我贬值——自己瞧不起自己。自我贬值的表现多种多样，比如说：你正在寻找工作时，看到一个招工广告，那正是你所期望的职位。但是，你却没去应聘，因为你想：“我够不上他们提出的条件，为何要去自寻烦恼?”或者你想与人约会，但却不敢打电话给她，因为你觉得自己配不上她。

知道自己的先天不足是一件好事，因为每个人毕竟有很多缺陷。不过，如果我们仅仅注重消极的一面，为自己的缺点、短处和无能所笼罩，所谓一叶障目，情况就很糟了，这就会使你失去自信心和认识自身的价值。

有两个方法可以帮助衡量你的真正价值：

①了解你的几个主要的长处。请几个朋友来帮你寻找优点，这些人是你所敬重的，也是会对你说出真实而客观的评价的，他们将给予你真实的看法。

②在每个优点之下，写下一个成功者的名字，而这些人都是你所了解或钦佩的。在这几个方面，与他们相比，你会发现在某些方面他们不如你做得好。

当你结束这一练习时，你会发现你超越了许多成功者，至少在某个方面。

（4）做点“白日梦”

虽然你还不是成功者，也可以在“白日梦”中以成功者的姿态出现一下，有一种成功的感觉，也会使你在别人面前显得信心百倍。事实上，这是一种增强自信心的方式。

花点时间想象一下，如果你登上事业顶峰，生活将是什么样子。不妨想象你坐在总经理办公室里的情景，想象随之而来的巨额报酬和发号施令的权力。然后，再想想在通向总经理办公室的道路上，你经历过的每一阶段，哪些你已经达到并超越的前期目标。在白日做梦里，当想象自己达到某种近期目标时，还要在想象中体会成功的喜悦。

有人设计了这样一种做“白日梦”的方法：

第一步，想象自己是某家公司的大老板，正坐在豪华的办公室或会议室里，正在对手下的一批管理人员训话。他们专心致志，聆听着你的每一句话，而现实中的你确实在说着某些话。

第二步，闭上眼睛，全身放松，尽可能地在脑子构想上述情景，使你作为大老板的形象进一步具体化或者说视觉化，你以怎样的语气说话，用什么样的手势、表情，你如何发脾气，等等，像是在大脑中放一部电影，而那主角正是你。这样持续10分钟，眼睛始终闭着。

经过一星期左右的这种“形象化预想”练习，你会发现自己的某些态度或行为已开始发生变化。变得比较果断，比较轻松或比较热情了。不管怎么说，这种变化表明你的直觉正在引导你慢慢地接近你想象中的而且渴望着的成功形象。

二、高估自己也是社交的大忌

如果你想在社交中保持一种最佳的受人欢迎的状态，最重要的就是对自己有一个正确的认识，低估自己会丧失主动权，而高估自己也是社交的大忌。在必要的时候还是要以一种低姿态出现在对方面前，表现得谦虚、平和、朴实、憨厚，使对方感到自己受人尊重，比别人聪明，那么在交际的过程中，他就会对你平添好感。

其实，你以低姿态出现就是为了让对方从心理上感到自己重要，使他愿意接近你，从而相信你。实际上越是谦虚的人，越是非常聪明的人，越是工作认真的人。当你表现出大智若愚来，使对方陶醉在自我感觉良好的气氛中时，你就已经受益匪浅，并已经在社交的路上迈出了很重要的那一步了。

你谦虚时显得他高大；你朴实和气，他就愿意与你相处，认为你亲切、可靠；你恭敬顺从，他的支配欲得到满足，认为与你很合得来；你愚笨，他就愿意帮助你，这种心理状态对你非常有利。相反，你若以高姿态出现，处处高于对方，咄咄逼人，对方心里会感到紧张，做事就没数了，而且会产生一种逆反心理，甚至拒你于千里之外。

学会在适当的时候，保持适当的低姿态，绝不是懦弱的表现，而是从社交的实际需要出发，对自己的一种客观全面的评价。放低姿态既是一种态度也是一种作为，既不自卑更不自傲，这是人生的一种品位也是境界，可以让我们脚踏实地地攀上成功的巅峰。

警惕办公室冲突

麻雀虽小，五脏俱全。办公室就是这样，别看它规模不大，但它的利益冲突，五味杂陈，简直就是一个社会的压缩版。在这样一个复杂的环境中，你必须找准自己的角色定位，既不能孤芳自赏，又不能表现过度。新进一个单位，人地生疏，特别是在一个各类人员云集、良莠一时难辨的办公室内，如何避免陷入各方利益冲突的漩涡，这的确是一个值得细细品味的学问。

总的来讲，以下几个行为会很快毁掉你的办公室生涯。

1. 趋炎附势，攀龙附凤

做人就要光明正大、诚实正派，人前人后不要有两张面孔。领导面前充分表现自己，办事积极主动，极尽溜拍功夫；同事或下属面前，推三阻四、爱理不理，一副予人恩惠的脸孔。长此以往，处境不妙。

2. 故作姿态，举止特异

办公室内不要给人新新人类的感觉，毕竟这是正式场合。无论穿衣，还是举止言谈，切忌太过前卫，给人风骚或怪异的印象，这样会招致办公室内男男女女的耻笑。同时，认定他（她）没有工作实际能力，是个吊儿郎当、行为怪异的人。

3. 拉小圈子，互散小道消息

如果你经常在办公室内私自拉帮结派，形成小圈子，这样容易引发圈外人的对立情绪。倘若你再在圈内圈外散布小道消息，充当消息灵通人士，这样永远不会得到他人的真心对待，只会对你唯恐避之不及。

4. 当情绪不佳时，牢骚满腹

工作时应该保持高昂的情绪状态，即使遇到挫折、饱受委屈、得不到领导的信任，也不能牢骚满腹、怨气冲天。这样做的结果，只会适得其反。要么招人嫌，要么被人瞧不起。

5. 逢人诉苦

把痛苦的经历当作一谈再谈、永远不变的谈资，不免会让人避让三舍。忘记过去的伤心事，把注意力放到充满希望的未来，做一个生活的强者。这时，人们会对你投以敬佩多于怜悯的目光。

和睦的工作环境，同事间亲和融洽，上下一心，直接促成业务的成功。能否成功，关键亦在于能否跟同事打成一片，和睦共处，尽得人心。知道自己属于哪类人，就必须积极努力改善不足之处，与同事处好关系。

幸福女人的心灵处方

1. 时刻保持微笑

对于你周围的人，无论他职位高低，只要向她们展示你灿烂友善的笑容，必能赢取公司上下的好感。年轻的同事视你为大师姐，年长的把你当女儿看待，如此亲和的人事关系必有利于事业的发展。

2. 阿谀奉承不可取

只懂奉迎上司的势利眼一定犯众憎。完全没把同事放在眼里，苛待同事下属，你无疑是在到处给自己树敌。

3. 不要乱搞小圈子

跟每一位同事保持友好的关系，尽量不要被人卷标为你是属于哪个圈子的人，这无意中缩窄了你的人际网络，对你没好处。尽可能跟不同的人打交道，避免牵涉入办公室政治或斗争，不搬弄是非，自能获取别人的信任和好感。

4. 善解人意

同事感冒你体贴地递上药丸，路过饼店顺道给同事买下午茶，这些都是举手之劳，何乐而不为？你对人好人对你好，在公司才不会陷于孤立无援之境。

5. 勿太严厉

也许你态度严厉的目的只为把工作做好，然而看在别人眼里，却是刻薄的表现。你平日连招呼也不跟同事打一个，跟同事间的惟一接触就是开会或交代工作，试问这样的你又怎会得人心？

6. 合作和分享

多跟别人分享看法，多听取和接受别人意见，这样你才能获得众人接纳和支持，方能顺利推展工作大计。

7. 有原则而不固执

应以真诚待人，虚伪的面具迟早会被人识破的。处事手腕灵活，有原则，但却懂得在适当的时候采纳他人的意见。切勿万事躬迎，毫无主见，这样只会给人留下懦弱、办事能力不足的坏印象。

办公室人士最不以为然的坏习惯

“人非圣贤，孰能无过”，每个人身上都会有一些这样或那样的不足之处，有些小毛病小习惯是无伤大雅的，而有些则是需要重视起来的，否则它们会在不经意间让你吃大亏。当然，这些无意识的小习惯，需要通过他人的眼睛才会反射出来，你知道怎样才能看到别人眼中的你吗？

首先，试着站在领导的角度给自己平日的表现一个尽可能客观的评估，有时角度不同，可能得到完全相反的结论；接下来，不妨恳请同事给你建议，正所谓当事者迷，旁观者清。或者，你可参考以下归纳出的现代办公室恶习排行榜，看看你到底犯了哪几项？

1. 频繁迟到

习惯性迟到，却丝毫不以为然，不管上班或开会，老是让同事苦等你一人。也许你认为小小迟到一下，没什么好大惊小怪。但经常性的迟到，不仅是上司，可能连同事都得罪了而不自知。

2. 过分积极

你可能会很不解：积极难道也是一种错？这倒也未必。积极基本上是值得鼓励的，除非太过火以至于激起公愤。譬如：看到同事聚在一块，非得凑过去生怕漏掉什么重要消息，明知没你的事却老想插手，喜欢发表长篇大论……诸如此类。对分内的事积极绝对值得赞赏，但若积极到过界，那可能招致人际关系恶化。

3. 偷懒成性

偶尔偷懒是人之常情，紧张的工作总要适度放松，通常如果不是很离谱，主管多是睁只眼闭只眼也就罢了。但是偷懒上了瘾可就不是件好事了，可能主管早已对你有了戒心，你就很难翻身了，没有处置你已算幸运，升职加薪就免提了。

4. 推诿责任

把“都是你的错”挂在嘴上，千错万错就是没有我的错。其实每个人都会犯错，主管应该也能容忍体谅下属犯错，重要的是能否由错误中归纳出对的方法，下次不再重蹈覆辙。无论犯了什么样的错，通常只要勇于承认，愿意负责，都能博得大家的谅解甚至尊敬。

5. 情绪化

人难免有情绪，但是老是把情绪和工作搅和在一起，老是用“最近情绪低潮……”、“失恋了……”、“和家人冷战……”当作借口，主管是会反感的。要是情绪管理的本领太差了，可以看看“心灵小品”类的书籍或许有点帮助。

6. 跟你的同事交朋友

虽然把同事想象成你的“假想敌”的做法有些过分，但至少能使你防止某些糟糕的办公室纠纷的发生，就把他们当成一群你可以叫得出名字的陌生人好了。永远都不要推心置腹地把你的隐私告诉同事，这就好像在你身边埋了一颗地雷，没爆炸的时候风平浪静，可假如有一天爆炸了，你就彻底死定了。一个同事的杀伤力比一个亲密朋友的杀伤力厉害多了，最起码，你的密友不认识你的老板是谁。

7. 在穿着上让别人觉得你太有诱惑

即使你的工作环境不需要你穿正式的职业套装，那你就穿样式最简单的休闲便装吧，除了结婚戒指以外，别佩戴更多的饰品。

8. 比老板穿得还好

如果你碰巧遇见一个极其没有品位的老板，喜欢穿着劣质西服到处向别人炫耀这是名牌时，我就建议你买块布找个土裁缝做件衣服得了。忠告你，不要试图用你自己的现身说法去影响老板的品位，你应该明白这个看上去像个土老冒的家伙之所以成为你的老板，肯定不是因为他会打扮的原因。

9. 试图与女老板的男秘书调情

你这样在老板眼皮下面轻举妄动，简直无异于自寻死路；即使你的老板和他的秘书之间的关系像办公室里的桶装纯净水一样透明无瑕，你也别忽略一个正常女人对异性的占有欲和对同性的嫉妒与敌意，就像你在大街上看见一个超级帅哥被一个丑女人拥抱着的时候，你一样也会心中暗骂：哼，这走运的丑小鸭！

10. 在财物上不拘小节

每一个人都是获得一份工作报酬，不要因为这是一份小钱而认为不值得一提。尽管别人不要，一定要说一句谢谢！尤其一些同事，口里说得不介意，其实他心里想得未必是真的不介意。这也是你的表现风度和修养的时机。

11. 跟你的同事谈恋爱

因为你只是个正常女人，所以你就很难做到对你的情侣视而不见，这造成的直接后果就是：即使你工作勤勤恳恳得像头老黄牛，你的老板也会怀疑你的上班时间是不是都在谈恋爱了。别抱怨老板的胡乱猜疑，站在他的位置上，你一样也会这么想。如果你真的与你的某位同事陷入爱河，那你们看上去只有两条路可走，要么你离开公司，要么你的爱人离开公司。

12. 很露骨地拍老板的马屁

如果他不是个白痴的话，他会明白，你只是在逗他玩而已。

13. 让自己陷入大公司里的人事斗争

尤其在你还是个没什么高层背景的普通职员时，千万不要有试图跟哪个部门老板结成同盟的幼稚想法，公司的事情和秘密永远比你想象的还要复杂和深奥，在你成为某次斗争的牺牲品之前，你也许还浑然不觉。无论哪一家的或者哪个国的公司都是如此，干嘛不老老实实把自己那份工作做好呢，让他们斗吧，你就当是在欣赏马戏表演吧！

14. 在背后议论老板的是非

如果你实在憋得难受，干嘛不去找个沙袋吊起来，上面写上老板的名字，然后给那个家伙一顿好揍。起码，与你向同事说老板坏话相比，这样没什么危险性。一般说，你背后说老板的那些话会很快传到老板的耳朵里，甚至比你说的那些还要难听几十倍，你就得留点神了，说不定什么时候，你老板会给你一顿好揍——也许没那么糟糕，说不定他只是把你给炒了呢。

15. 忘记在办公室里关掉手机

为什么不让别人打电话到办公室来呢？你的手机声音只会让身边的同事感到厌烦，尤其在老板跟你谈话时，或者在重要的会议桌上。不要被手机广告所欺骗，以为成功人士都是二十四小时开着手机的，他们只不过是想多卖几台机子而已。

16. 在办公室到处施展你的超人口才

也许你想给你的老板留下一个深刻的演说家的形象，但遗憾的是，几乎所有的老板都讨厌看见一个喋喋不休的，像一只刚下完蛋的母鸡那样的啰嗦女人。记住，能用三分钟表达完的事情千万别说上三个小时，如果你是那种不讲话就会发疯的人，那就建议你先在家里对着墙壁大声说上一个小时，直到筋疲力尽，直到没有心情在办公室胡说八道的程度的时候再去上班，惜言如金是你应该恪守的最基本的职业素养之一，用最短的句子把你的观点非常职业地表达出来。还有，在别人，尤其是老板讲话时，别随便打断。

17. 送价值昂贵的礼物给你的老板或者同事

这只会让他感到难堪和让其他同事胡思乱想。

18. 轻信老板的许诺

也许你是个心地善良的老实人，你相信老板对你说过的每一句话。你相信你老板今年没给你加薪水是因为老板处在水深火热的危机关头，必须得拿你那点可怜的薪水去救火；或者你相信老板话里话外要提拔你的暗示，但是你必须做好什么都得不到的心理准备。别理会老板说的要给你什么，先看他已经给了你什么吧，比较一下，然后再想想是否还有必要跟着这样的老板。

幸福女人的心灵处方

（1）在办公室最忌讳的就是做长舌头的女人，对工作上的意见或是私人生活上的事四处散播，或是添油加醋地在别人后面说三道四，影响同事间的友好与团结，影响整个公司的工作情绪和积极性。就算是自己性子直，喜欢和同事交心说真话，但是有些很小的事情一传十，十传百，到最后被传出去的根本不是你的初衷，甚至会毁坏你和同事的形象。

（2）在办公室里不要有小集体之分。大家一起工作，共事久了，肯定会和同事间关系有疏、密之分。但是切不要将亲密关系在办公室里张扬，如小声交头接耳呀，突然哈哈大笑呀，做事你我不分呀，都会惹来别人的反感或不悦。这样的关系可以带到休闲时间或适当地在办公室里保留。

（3）因为工作出色或者接了大业务被老板表扬提升，不要自己在老板没有宣布的情况下就在办公室里飘飘然四下招摇或故作神秘对关系好的同事细诉，传开来后，肯定招人嫉妒，眼红心恨，引来不必要的麻烦。又或者你因为工作失误，被批评受罚，于是下来诉说种种老板的不是，还要牵连同事某某也这样怎么不罚，不仅仅惹老板厌烦，同事恼怒，更会调离或降职于你。

（4）和同事有矛盾不要公开激化。办公室是办公场所，虽然人和人相处总会有摩擦，但是切记要理性处理。不要盛气凌人，非得争个你死我活才肯休手。就算你赢了，大家也会对你另眼相看，觉得你是个不给朋友余地，不尊重他人面子的同事，以后也会在心底防着你，于是你会失去真正的朋友。而且被你损了尊严的同事，也会对你记恨在心，你就多了一个敌人。

大家在同一个小空间中工作打拼，最重要的是创造一个和谐融洽，相互尊重的氛围。最好不要谈及正常工作以外的各种事情。交流中要注意方式方法，要有分寸地与人沟通。切记，嘴要紧，心要宽，要做一个清清爽爽的办公好手。

别以为自己很重要

有一个流行很广的故事：说有一个自认为很有才华的职场白领，在单位却一直得不到重用，为此，她愁肠百结，异常苦闷。有一天，他去质问上帝："命运为什么对我如此不公？"，上帝听了沉默不语，只是捡起一颗不起眼的小石子，并把它扔到乱石堆中。上帝说："你去找回我刚才扔掉的那个石子。"结果，这个人翻遍了乱石堆，却无功而返。这时候，上帝又取下了自己手上的那枚戒指，然后以同样的方式扔到了乱石堆中。结果，这一次他很快便找到他要找的东西那枚金光闪闪的戒指。上帝虽然没有再说什么，但是他却一下便醒悟了：当自己还只不过是一颗石子而不是块金光闪闪的金子时，就永远不要抱怨命运对自己不公平。

有许多人都有和这位年轻人一样的心理，觉得自己是这个单位、这个部门里最重要的人物，这里缺了自己就不行，就好像地球离开她就不转动了一样。因为自己很重要，所以其他人必须以她为中心，围绕着她。转其实，不是这么回事，地球离了谁都照常转动不误。

以自我为中心的女性比比皆是。她们存在着过于浓厚的自我中心观念，凡事都只希望满足自己的欲望，要求人人为己，却置别人的需求于度外，不愿为别人做半点牺牲，不关心他人痛痒，表现为自私自利，损人利己。她们甚至要求所有的人都以她为中心，恨不得让地球都围绕她的意愿转，服从于她。她们只要集体照顾，不讲集体纪律，否则就感到委屈、受不了。却不愿从客观实际出发，不能服从他人及集体。这种人强烈希望别人尊重她，却不知道自己也得尊重别人。总之，这些人心目中充满了自我，却惟独没有他人，信奉的是人不为己，天诛地灭。其问题出在自我意识过浓，走向了以自我为中心的极端，或者说个人主义思想严重。

无疑，这种自我中心意识于己是极为不利的。这会严重影响一个人的自我形象，也影响良好思想品德的形成。以致被人厌恶、瞧不起。由于一门心思都放在蝇头小利的追求与意义不大的个人得失上，没有崇高的理想、远大的目标。因而也不可能拥有好的人际关系。试想，谁愿意与这样的人长期共事或终生为伴呢？可能说，这种人到头来得到的只是芝麻，而失去的是西瓜。

幸福女人的心灵处方

（1）要正视社会现实，社会上的每个人都有其各自的欲望与需求，也都有其权利与义务，这就难免会出现矛盾，不可能人人如愿。这就要求人人正视客观现实，学会礼尚往来，在必要时做出点让步。当然应该承认自我的权利与欲望的满足，但也不能只顾自己，忽视他人的存在。如果人人心目中都只有自我，那么，事实上人人都不会有好日子过的。

（2）从自我的圈子中跳出来，多设身处地地替其他人想想，以求理解他人。同时，要学会尊重、关心、帮助他人，这样才可获得别人的回报，从中也可体验人生的价值与幸福。

（3）加强自我修养，充分认识到自我中心意识的不现实性与不合理性及危害性，学会控制自我的欲望与言行。尤其是，应把自我利益的满足置身于合情合理、不损害他人的可行的基础之上，做到把关心分点给他人，把公心留点给自己。

如何拥有良好的同事关系

无论你在任何部门工作，处理好同事关系至关重要。同事之间相处得好了，大家自然开心；而如果相处得不好，就很糟心。

可是，在与同事的交往过程中，是不会人人如愿的，总是或多或少地存在着一些不尽如人意是地方。经研究表明，那些具有良好人际关系的人一般具有坦诚、乐观、幽默、有活力、聪明、有个性、独立性强、能为他人着想等等个性心理特点，而那些不太受人欢迎的人具有以下心理特点：自私、自负、虚伪、自卑、斤斤计较、猜疑、依赖、羞怯、固执、没有个性等等。大家不妨对照下自己，扬长避短，有利于建立良好的人际关系。

（1）自傲心理。自傲的人喜欢过高地估计自己，只关心自己的需要，强调自己的感受。他们在交往中通常表现为妄自尊大、自吹自擂、盛气凌人，高兴时手舞足蹈、滔滔不绝，不高兴时会不分场合地乱发脾气，丝毫不考虑同事的感受，而且不愿和自认为不如自己的同事交往。他们还容易过高估计了和同事的亲密程度，有时候对同事过于亲昵，说些不该说的话，会引起同事的反感。另外，有意思的是，自傲的人一旦遭受挫折，往往会变成自卑者。

自傲的根源是错误的自我评价。当然，与其成长环境也密切相关。克服自傲心理，首先要学会尊重别人、善于发现别人的优点，以利于对自己做出客观评价。另外，还要学会严于律己、宽以待人。

（2）利用心理。很多人抱着“利用”的目的与同事交往，因而通常只结交对自己有用、能给自己带来好处的同事，而且难免“兔死狗烹”、“过河拆桥”。有这种心理的人不会有真诚的朋友，利用别人的同时也会沦为他人的工具。他们的人际关系往往表面良好，一旦有难，便土崩瓦解。

（3）仇视心理。有些人总是以仇视的目光对待同事，对不如自己的同事以不宽容表示仇视，对胜过自己的同事以嫉妒表示仇视，对和自己不相上下的同事以中伤表示仇视……仇视心理使周围的人没有安全感，自然不愿意与之交往。

（4）做秀心理。有的人朝秦暮楚、见异思迁，把与同事交往当作是逢场作戏，且喜欢吹牛。这种人常常得不到真正的友谊和朋友。如何应对人际交往的心理障碍，关键还是在于如何调节自己的心理。

（5）干涉心理。人人都需要一个自我心理空间，即使夫妻之间不也希望有一点自己的隐私吗？同事更是如此。即使关系再好，也会有一个封闭的心理角落。可有的人，偏喜欢打听、传播同事的隐私，还一厢情愿地“帮助”同事，实在是低俗和招人嫌的心理和举动。

（6）逆反心理。有些人喜欢标新立异，总爱与同事抬杠。不管什么事情，不管对与错，同事说好他偏说坏，同事说一他偏说二。逆反心理容易使同事产生反感和厌恶。

（7）固执心理。任何事物都是不断变化的，因此人类已有的知识、经验以及思维方式等必须不断地更新，否则就会失去活力。固执心理就犯了僵化不前的错误。固执的人抱残守缺、拒绝变化，只在自我封闭的狭小空间内兜圈子，即使道理已经很明了，他也拒绝承认错误。这样会有几个人愿意与之交往呢？

幸福女人的心灵处方

1. 摆正上下级关系

作为一个下级，尊重并服从上级是你的天职，不能因为上级平易近人，就可以嘻嘻哈哈。当然有的领导，喜欢嘻嘻哈哈，不喜欢绷着脸干工作。即使如此，作为下级也要有分寸。

摆正同事的距离。有的同事，平时与人为善，对人亲热。有的同事，表面上很好，暗地里喜欢做别人的私活。你不能好人歹人分不清，眉毛胡子一把捋。对任何同事，都应有原则，不卑不亢，大方得体。

2. 摆正对事的处理

任何单位都会出现各种各样奇怪的事情，不能什么事，都要过问。有的事你过问人家会领你的情，对你很感谢；而有的事你就不能过问，你热心过问，有时反而会出现令人尴尬的局面。

3. 摆正好与坏界线

同事接触，说话做事，都有到什么山唱什么歌的区别。有的人敢于说真话，并不问对方能不能接受。有的人就像薛宝钗，见人说人话，见鬼说鬼话。说真话的，当时并不一定好；说鬼话的，也许能得人喜欢。对此，你要有识别能力，分别对待。

4. 摆正态度分场合

不同场合，应有不同的态度。如果你始终用一种态度，去对待不同场合的同一件事，肯定要将事情办糟。也许你还想不通："我并没错啊！怎么会这样呢？"这时，你可以读读辩证法，场合变了，就是条件变了，你还不变，能不糟吗?

其实同事的关系也是一种很微妙的"化学反应"，也许一件小事就能让你和他或（她）的关系很好，也可能很坏，关键是在于这个"度"。所以作为一个职业人，只有在不断的经验积累和学习中，才能更好得把握这种"度"。

保持良好的情绪与心态

心理学研究发现，恶劣情绪产生的负面影响不仅仅局限于当事人本身，它的传染能力是相当强的。比如一个本来心情舒畅、乐观开朗的人，若与一个愁眉苦脸、抑郁难解的人长时间相处，同样也会变得情绪沮丧起来。一个人敏感性和同情心越强，越容易感染上坏情绪，并且这种传染过程是在不知不觉中完成的。

小米是一家大型企业的高级职员，她的能力是有目共睹的，无论是工作能力，还是文字水平，均是单位一流水平的人才，这一点上司也是充分肯定的。平时，小米的热情大方，率真自然，是比较受人欢迎的。但是，成也萧何，败也萧何。小米的率直和不加掩饰，在职场中有时可是个大忌。

前不久，单位提拔了一个无论是资历，还是能力和业绩都不如她的女同事。小米很是生气，平时上司就对这位女同事特别关照，什么提职、加薪等好机会都想着她，好事几乎都让她承包了。眼看着处处不如自己的同事，一年之内竟然被“破格”提拔了三次，可自己的业绩明明高出她好几筹，可上司好像视而不见，只是一个劲地让她好好工作，而好机会总没她什么事。

这次，小米真的恼了，她义愤填膺地跑到上司的办公室去“质问”，并义正词严地与上司“理论”起来，可上司那儿早已准备了一些冠冕堂皇的理由，尽管这样上司还是被小米搞得非常狼狈。

从这以后，小米的情绪一度受到影响，还因此备受冷落，同事也不敢轻易同她说话了。小米很难受，又气又急又窝火，自己怎么也想不通为什么工作干了一大堆，领导安排的工作也能高标准地完成，可为什么总是费力不讨好呢？看看那位女同事，也没干出什么出色的成绩，可人家不慌不忙的总是好事不断。经过分析，虽然原因是多方面的，但最主要的一条就是小米犯了职场中的大忌，太情绪化了。碰到事情和问题很少多想个为什么，只凭着感觉和情绪办事，只想干好工作，用业绩说话，在为人处事上太缺乏技巧了，常常费力不讨好。小米也想让自己“老练”和“成熟”起来，然而一碰到让人恼火的事情，她就是控制不住自己的情绪，尽管事后觉得不值，但当时就是不能冷静下来。

人总是有情绪的。学会驾驭复杂多变的情绪，最好的办法是进行自我心理调节，让正常健康的情绪主宰自己，避免不良情绪的困扰。当你处于不良情绪状态时，可以用下面的方法来调节自己的情绪。

幸福女人的心灵处方

（1）放松术。心情不佳时，可通过循序渐进自上而下地放松全身，或通过自我按摩等方法使自己进入放松入静状态，然后面带微笑，抛开面前不愉快之事不去想，而去回忆自己曾经历过的愉快情境，从而消除不良情绪。

（2）制怒术。要做情绪的主人，当喜则喜，当悲则悲。在遇到令人愤怒的事情时，先想一想发怒有无道理，再想一想发怒后会有什么后果，最后想一想有没有其他方式来代替？这样想过后就会变得理智起来。

（3）幽默术。幽默是避免人际冲突，缓解紧张的灵丹妙药。生活中要多笑勿愁，经常以幽上一默，既可以给他人带来快乐，也可使自己心安理得，心境坦然。

（4）愉悦术。努力增加积极情绪以削弱消极情绪。具体方法有三：一是多交朋友，在人际交往中感受快乐。二是多立些小目标，小目标易实现，每实现一个小目标都会带来愉悦的满足感。三是学会辩证思想，从容对待挫折与失败。

（5）升华术。就是把受挫折的不良情绪引向崇高的境界。如司马迁在遭受奇耻大辱的宫刑后，把全部精力放在了著述《史记》上，终成一代史学大师。

（6）行动转移。克服某些长期不良情绪的方法，也可以用新的工作、新的行动去转移负性情绪的干扰。贝多芬曾以从军来克服失恋的痛苦，不妨是一种好的选择。最大的心理之患在于患得患失；最大的精神负担莫过于名利枷锁。

（7）宣泄术。遇到不如意，不愉快的事情，可以通过转移注意力去做另外一件事情，如跑步、读小说、看电影，甚至可以大哭一场，或者找朋友谈心诉说来宣泄自己不愉快的情绪。

自省是做人的责任

自省，简而言之就是自我反省，自我检查，以能“自知己短”，从而弥补短处，纠正过失。力求上进的人都是重视自省的。因为他们知道，自省是认识自己、改正错误、提高自己的有效途径，自省使人格不断趋于完善，让人走向成熟。孔子的学生曾参说，他每天从三方面反复检查自己：替人办事有未曾竭尽心力之处吗？与朋友交往有未能诚实相待之时吗？对老师传授的学业有尚未认真温习的部分吗？他就是这样天天自省，长处继续发扬，不足之处及时改正，最终成为学识渊博、品德高尚的贤人。

自省是一种不断使道德完善的重要方法，是治愈错误的良药，它能给我们混沌的心灵带来一缕光芒。在我们迷路时，在我们掉进了罪恶的陷阱时，在我们的灵魂遭到扭曲时，在我们自以为是沾沾自喜时，自省就像一道清泉，将思想里的浅薄、浮躁、消沉、阴险、自满、狂傲等污垢涤荡干净，重现清新、昂扬、雄浑和高雅的旋律，让生命重放异彩，生气勃勃。

自省的主要目的是找出过失及时纠正，所以自省绝不可以陶醉于成绩，更不可以文过饰非。

“静坐常思己过”，以安静的心境自查自省，才能克服意气情感的干扰，发现自己的本来面目，捕捉到平时还自以为是的过失。

只有善于发现并且敢于承认自己的过失，才可以进一步纠正过失。我们常常看不到自己的短处，很多缺点都是通过旁人的指出才知道。这就要求我们有一颗平常心来对待别人善意的规劝和指责，反省自己的过失。俗话说“忠言逆耳利于行”，那些逆耳忠言常常能照亮我们不易察觉的另一面。

阿娟是位应届大学生，她学的是英文，自认为无论听、说、读、写，对她来说都只是雕虫小技。

由于她对自己的英文能力相当自豪，因此寄了很多英文履历到一些外商公司去应征，她认为英文人才是就业市场中的绩优股，肯定人人抢着要。

然而，一个礼拜接着一个礼拜过去了，阿娟投递出去的应征信函却了无回音，犹如石沉大海一般。

阿娟的心情开始忐忑不安，此时，她却收到了其中一家公司的来信，信里刻薄地提到：“我们公司并不缺人，就算职位有缺，也不会雇用你，虽然你认为自己的英文程度不错，但是从你写的履历看来，你的英文写作能力很差，大概只有高中生的程度，连一些常用的文法也错误百出。”

阿娟看了这封信后，气得火冒三丈，好歹也是个大学毕业生，怎么可以任人将自己批评得一文不值。阿娟越想越气，于是提起笔来，打算写一封回信，把对方痛骂一番，以消除自己的怨气。

然而，当阿娟下笔之际，却忽然想到，别人不可能会无缘无故写信批评自己，也许自己真的太过自以为是，犯了一些错误是自己没有察觉的。

因此，阿娟的怒气渐渐平息，自我反省了一番，并且写了一张谢卡给这家公司，谢谢他们指出了自己的不足之处，用字遣词诚恳真挚，把自己的感激之情表露无遗。

几天后，阿娟没想到又收到这家公司寄来的信函，打开一看，她竟然被这家公司录取了！

这是自省带来的奇迹。

自省是一次自我解剖的痛苦过程。它就像一个人拿起刀亲手割掉身上的毒瘤，需要巨大的勇气。认识到自己的错误或许不难，但要用一颗坦诚的心灵去面对它，却不是一件容易的事。懂得自省，是大智；敢于自省，则是大勇。割毒瘤可能会有难忍的疼痛，也会留下疤痕，但它却是根除病毒的唯一方法。只要“坦荡胸怀对日月”，心地光明磊落，自省的勇气就会倍增。古人云：“君子之过也，如日月之食焉。过也，人皆见之；更也，人皆仰之。”这句话的意思是：日食过后，太阳更加灿烂辉煌；月食复明，月亮更加皎洁明媚。君子的过错就像日食和月食，人人都看得见，但是改过之后，会得到人们更崇高的尊敬。

如果我们能内省，内省不仅是了解自己做了什么，最重要的是透过它了解自己真正的意图；柏拉图更进一步说，内省是做人的责任，没有内省能力的人不配做人，人只有透过自我内省才能实现美德与道德。

幸福女人的心灵处方

（1）经常地自我回顾、检查，对自己的思想、心理和行为表现进行总结，肯定优点、长处，找出缺点、不足，明确前进的目标。

（2）养成自省的好习惯。比如：坚持记日记是养成自省习惯的好方法。

积极面对与同事的竞争

俗语说：一个好汉三个帮。咱们中国的老百姓一向普遍认同“在家靠父母，出门靠朋友”、“朋友多了路好走，多个朋友多条路”的处世原则。然而，这种处世原则在现代职场中却似乎“行不通”了。

最近，一家著名的招聘网站发布的一项最新调查显示，在上海职场中，居然有近两成人坦然承认自己在职场没有真正的朋友，并且他们也不想跟同事成为朋友。他们认为，职场如战场，同事就是竞争对手，跟同事做朋友，只能是给自己埋下一颗定时炸弹，因为他（她）了解你的缺点，甚至还握有你的“把柄”。

许多职业心理专家认为，跟同事做朋友非常必要。上班族大部分时间都跟同事在一起，没有多少机会跟同事以外的人结交朋友。如果不跟身边的同事做朋友，烦恼就不能及时倾诉，压力就不能及时排解。烦恼和压力日复一日地郁结于心，对身心健康都极为不利。实际上，同事跟你一样，也都是普通人，有血有肉有情感，只要用以真心换真心的方式与之相处，是能够成为朋友的。当然，同事朋友毕竟是特定环境下的朋友，与普通意义上的朋友有所不同。跟普通朋友相比，同事朋友之间往往存在既合作又竞争的关系，很多时候还会出现利益冲突。因此，处理好与同事朋友之间的关系，更需要一定的技巧。

幸福女人的心灵处方

（1）同事之间既然存在竞争，那么必然有干好干坏之分。干得不够好或较差的一方心理上一时不平衡是完全可以理解的。干得较好的一方一定要照顾到对方的这种微妙心理，在对方面前注意放低姿态，尽可能帮助对方提高业务水平。切忌趾高气扬，给对方制造更大的刺激。

（2）与普通朋友相处，尚且需要保持适当的距离，跟同事朋友相处，更要有“距离”意识。尽量少在同事面前抱怨单位领导，指责其他同事。如果一时憋不住劲儿，非得抱怨、指责几句才能消消气儿，也要注意说话的方式。

（3）提倡与同事做朋友，并不是要求跟全单位所有同事都做知心朋友，那既不可能也没必要。我们完全可以在单位这个小圈子里有选择地结交知心朋友。初到某个单位，先用心观察周围的每个同事，发现共同点较多的同事后可主动接近，与之向知心朋友发展。其他同事也不应划为异己，应该努力保持良好的同事关系。

第七章

更年期综合症的自我心理调节

女性更年期精神症状

处在更年期的女性，不仅仅会在生理上出现一些变化，大约3/4的女性还会出现一系列的神经和心理方面的症状，其中最常见的有抑郁、记忆力减退、注意力不集中、情绪不稳，这些症状在绝经后比绝经前更为明显。究其原因，除了与雌激素下降有关外，还与个体的受教育程度、精神状态和精神创伤史、经济情况等一系列社会的、心理的因素密切相关。这些心理异常的出现，常常使女性朋友更容易紧张，发生悲观、焦虑等心理异常，如果再加上症状的长期维持，药物治疗的效果不佳，这不仅又加重了上述心理负担，而且生理上也出现异常反应。某些妇女因此转辗门诊各个临床科室要求确诊，要求做特殊化验和检查。此外，这些症状又会受到气候、情绪、不良刺激和其他疾病的影响而阵发性加重。

之所以会引起上述一系列心理和精神上的变化，是有其深层次的原因的，其中就有社会文化方面的因素。

关于这个社会文化因素，通俗地讲就是人们的生活和工作环境，包括职业、社会地位、文化程度、家庭状况、人际关系、角色适应和变换、经济条件，以及社会制度、风俗习惯、宗教信仰等。近来也有较多这方面的专家采用“生活事件”这一概念来表示社会文化因素。

在临床跟踪调查的过程中，我们也发现这样一个奇怪的现象，那些地处边远山区、信息闭塞、缺少文化的妇女较少出现更年期心理变化，更年期症状的发生也少而轻；相反，一些受过相当文化教育的但又缺乏更年期保健知识的妇女则心理负担较重，更年期的症状也较明显。以心血管舒缩失调症状为例，城市居民发生率高于农民；医务卫生人员、教师高于工人农民；高中以上文化程度者高于文化程度低者。文盲最低、生活环境不佳、经常争吵发怒者发生率高；离婚及寡居者发生率高。在精神神经症状的发生中也有类似的规律。

此外，以前有明显精神创伤史、精神脆弱、神经过敏、性格比较内向及生活比较富裕、社会地位和条件比较优越的妇女，也较容易出现心理变化和神经精神症状。这些妇女具有一定的文化和工作水平，但往往富于联想，造成过多顾虑，并且由于工作接触面广、涉及的人与事多，与他人的摩擦也多，矛盾也可能较多。她们虽有较高的文化，但又对更年期保健知识缺少理解或一知半解，甚至错误理解，因此稍有不适，特别容易造成心理上的障碍。

更年期是妇女一生之中必经的生理过程，这个过程是暂时的，处于这个时期的妇女应该消除恐惧心理，加强意志锻炼，保持平稳心态，逐渐适应这种变化。

幸福女人的心灵处方

（1）保持心理平衡。调整好自己的心态，保持乐观，树立信心，消除不应有的恐惧和焦虑。

（2）了解更年期相关知识。更年期是自然的生理过程，了解必要的知识，正确认识更年期出现的症状。

（3）定期做妇科检查。更年期后妇女肿瘤的发生率增高，所以应定期做妇科和乳腺检查，以达到早期防治肿瘤的目的。

（4）注意劳逸结合。工作、生活应有规律，睡前不饮酒，不喝茶，不看惊险和悲惨的影片，以保持良好的睡眠。

（5）健康和睦的家庭。健康和睦的家庭，不但使更年期妇女心情舒畅，解除烦恼，而且可以化解来自工作和生活中的不良刺激，建立信心。

（6）合理的膳食。由于更年期妇女生理和代谢等方面发生变化，胃肠功能吸收减退，应限制糖、热量、动物脂肪、胆固醇和盐的摄入，补充优质蛋白（奶类、鱼类、豆类、瘦肉、香菇、海产品、黑木耳等）、维生素、微量元素、钙和纤维素。以维持人体的正常代谢。

（7）讲究更年期个人卫生。①口腔卫生：进入更年期，牙齿开始松动，咀嚼功能下降，应养成良好的口腔卫生习惯；②皮肤卫生：更年期皮肤的保护作用减弱，应经常洗澡，勤换内衣，不用肥皂洗澡，以防皮肤油脂过多洗去，引起感染；③外阴卫生：应每天冲洗外阴部，以保持清洁与舒适。

（8）坚持适宜的运动。适当的身体锻炼可减缓体力的下降，使自己有充足的精力和体力投入工作和生活中。

（9）防治异常出血。对更年期后的出血，千万不可疏忽大意，一旦有异常现象，要及时诊治。

（10）适度的性生活。合理适度地安排性生活，有益于心身健康。

虽然在更年期你会有诸多不适，但你依然可以让自己过得快乐。参加一些集体活动，多与同龄人交流，跳跳舞，你会变得更开朗，良好的心情会让人忘记很多烦恼。

更年期女性——多变之秋

更年期是女性一生的多事之秋，“熬一熬就过去了”的老观念和“草木皆兵”的恐惧心态都是要不得的。更年期女性更要加强自我的心理卫生和生理保健，才能走出非常时期。

更年期是人类老化过程中的一个重要时期，一般发生于50岁左右，也有提前至39岁或延迟至58岁者。相比之下，女性更年期症状表现得更为明显、突出。

其主要症状有：

（1）神经系统功能紊乱。如阵发性面部潮红，头颈胀热，出汗，烦躁不安，情绪不稳，皮肤感觉异常，关节酸痛，头晕目眩，耳鸣，注意力不集中，记忆力下降等。

（2）心血管系统功能紊乱。如心慌气短，血压升高或不稳。

（3）代谢紊乱。如体形肥胖，食欲亢进，血糖升高，糖尿，轻度浮肿，骨质疏松。

（4）性生理改变。如外生殖器萎缩，阴道黏膜变薄，月经变化，性功能减退或亢进。

上述症状系由中年过渡到老年的过程中，内分泌改变引起的，经过一定时期，人体适应了新的内分泌功能，上述症状即逐步缓解消失。

这些改变使半数左右的妇女出现不同程度的心理不适：情绪低落、烦躁、易怒、紧张、焦虑、坐立不安、精力不集中以及失眠等，约有10%的女性有明显的抑郁表现。

通常更年期综合症有外向型和内向型之分。前者多表现为爱发脾气，摔东西。内向型则多表现为忧郁、多疑，严重的还想轻生，故比外向型更危险。

幸福女人的心灵处方

（1）平时不仅要注意身体的健康状况。

（2）注意精神调养，及时发泄不良情绪，对朋友或亲人诉说郁闷，争取关心和体谅，对信任的医生讲清自己身体和心理上的不适，求得帮助。把想不通的事闷在心里是最不明智的做法。

安全度过更年期抑郁症

每一个即将跨进更年期的女性几乎都会面临一个共同的烦恼——抑郁症。情绪持续性低落、思维反应迟钝、月经变化以及睡眠障碍、眩晕、乏力等，这些都是更年期抑郁症的主要表现。有些人因人际关系（特别是情感事件）、家庭因素、经济因素或工作的困扰等诸多压力事件，情绪无法获得有效的疏解，又缺乏适当的情绪调节与良好的社会支持，会将情绪状态延伸为一种病态，以至于心情与行为都受到影响。

现代医学认为此病与脑内单胺神经递质（去甲肾上腺素）的含量减少有关治疗以三环类或五—羟色胺再摄取抑制剂等抗抑郁或抗焦虑药的应用为主，此类药虽短期服用效果明显，但久服可有食欲减退、体重减轻、记忆力差、忧郁焦虑等副作用。

增加更年期妇女自我保健知识是改善更年期妇女心理状态和症状的重要方面。

更年期不是病：它是人类老化过程中的必然阶段，是每个女人生命中必经的一个时期。更年期来临，可以找妇科医生咨询，不必焦虑紧张，应树立信心，增加体育锻炼及社会交往，充实生活内容，以顺利度过更年期。

女性患更年期综合症，主要是由于下岗、退休或子女成家后赋闲在家无事可做，又缺少感情交流造成的。自己应找些事做，别总呆在家里。当你陷入深深的苦闷和焦虑之中不能自拔的时候，要按时到空气清新的室外从事一些合适的体育活动或体力劳动，它会唤起你的满意感和愉快感。

有趣的工作也会“中和”不良情绪产生的恶果，并会大大提高乐观情绪的储备量。当你遇到不顺心的事或陷于痛苦时，“储备量”会发生作用，它不致使你过度郁闷。

还可以到大自然中去陶冶。在生活最艰难的时刻，投身到大自然，可从中找到慰藉。大自然中花草散发的浓郁芬芳、树叶沙沙微响、鸟儿婉转啼鸣、溪流潺潺声和海浪拍击声都会对身体产生良好的作用。遇烦闷时与家人或密友去郊外森林散步是很有益的。

幸福女人的心灵处方

1. 经常进行自我心理调整，摆正自己的位置

易怒、发脾气是更年期到来的前兆，它们一冒出来，你就该提醒自己要注意。这是更年期的表现，不要随着自己的性子，乱发脾气。

2. 倾诉和发泄

要彻底倾诉心底里的郁结。倾诉是治愈忧郁悲伤的良方，当你遇到烦恼和不顺心的事后，切不可忧郁压抑，把心事深埋心底，而应将这些烦恼向你信赖、头脑冷静的人倾诉。如没有合适的对象，还可以自言自语地进行自我倾诉。千万别以发怒这种火上浇油的方式，来发泄心中的积怒和烦闷。我国古医书《黄帝内经》有：“思伤脾”、“忧伤肺”、“恐伤肾”、“怒伤肝”之说，认为“悲哀愁忧则心动，心动则五脏六腑皆摇”，“摇”则疾病生矣。对这些不良情绪有效地化解，正是一系列疾病的良好预防药。英国心理学家柯切利尔极力推崇一种自我倾诉内心苦闷和忧郁的方法——放声地、自言自语地倾诉。他指出，这种心理上的应激反应是防治内科各种疾病，尤其是心血管病和癌症的良药。他认为积存的烦闷忧郁

就像是一种势能，若不释放出来，就会像感情上的定时炸弹，埋伏心间，一旦触发即可酿成大难。但若能及时地用倾诉或自我倾诉的办法，取得内心感情和外界刺激的平衡，则可祛灾免病。

有眼泪要让它流出来。生活中遇到痛苦和折磨，流泪可以解除苦闷。因为情绪激动时，人体血液会产生某种化学变化，眼泪的流出将使这种物质得以排泄。

3. 家人和朋友的关心理解显得尤为重要

家人的不理解会加重妇女更年期的症状。所以，如果家有处在更年期的女性，千万要多关心她们。眼下，“更年期”变成了打趣甚至嘲弄人的词，男人碰上看不顺眼的事，如果当事人是中年女性，就不由分说朝她们贴个“更年期”的标签；年轻人也会用怪眼光看年纪大的人。作为家人，不要动不动就说“你是不是更年期到了”之类的话。她们生气时，要采取冷静、宽容的办法。

武茹是位女强人，可更年期综合症却没放过她。她52岁那年，一点点的小事情就能使她暴跳如雷，慢慢发展到不能自控。后来，她无法过正常生活，只得住进医院的神经内科。她是某企业的管理者，对己、对下属严格得近乎苛刻，进入更年期后更是不近人情。住院后，她先生和女儿体谅她的心情，经常陪着她，照顾她，给她解闷。医生也给她讲了关于更年期的问题和自己调整的方法。同事见状，也不计较她平时的苛刻，主动去医院看望她。出院后，她整个人变了，变得善待别人和自己。她以前穿着极不讲究，后来常常去买漂亮的衣服，还做做美容、跳跳舞。她说，人的生命只有一次，不管在什么样的情况下都要珍惜自己，接受现实，也要善待自己，充实自己。

4. 激素替代疗法

更年期症状明显时，可以在妇科医生的指导下，补充体内的雌激素水平，但切忌盲目用药。如果怕相关药品有副作用，就尽量多吃能增加雌激素的食物，如乌骨鸡、花粉、蜂蜜、维生素E等。

5. 对症治疗

头痛明显者可用一些常用的止痛药，如心理通等缓解头痛的药物。情绪急躁和焦虑者，可选用一些镇静类药物。

6. 中医中药

根据中医理论，更年之期，肾气渐衰，天癸渐竭，导致五脏功能失调、阴阳失衡而为病。因肾虚不能涵养肝木，则肝气郁结，可见情绪低落、胸闷肋胀、不思饮食；肾虚不能滋养心神，可见精神恍惚、无故悲哭；肾虚无以温养脾土，可见头晕耳鸣、腹胀腹泻、疲乏无力等。因此治疗在补肾的基础上，佐以疏肝理气、滋养心神、健脾化痰，可缓解病情且患者易于接受。

7. 合理的性生活

合理的性生活可以防止因生理、心理、社会等复杂因素而引起的性淡漠或性衰老。

百变多端的更年期综合症

更年期综合症是一种最为常见的更年期症状，具体来讲，它是指女性在自然绝经前后的一段时期内，卵巢内分泌功能逐渐减退，雌激素分泌减少，最明显有的标志是从月经失调到闭经，同时还会伴随有乳房皱缩、阴道干燥、生殖器萎缩、骨质疏松和由于植物神经功能紊乱而导致的潮红、多汗等一系列症状。引起身体多种不适和心理烦躁等明显的性格情绪变化者为更年期综合征。

一般没有外界因素的干扰下，女性40余岁，男性在50余岁以后，就逐步进入了更年期。这其中的一部分人由于身体机能的衰老，开始出现植物性神经功能紊乱的一系列症状，医学上称之为更年期综合症。男性由于类固醇激素减少不如女性明显，更年期症状较轻微，而女性表现出的症状较重；时间也较长。据有关资料表明，我国每年因更年期综合症引发重大疾病的妇女高达800万人，对身心健康、夫妻感情及家庭幸福带来了不利影响，因此，正确认识和调适更年期综合症对于每一个中年人都有重要的意义。

女性出现更年期综合症的原因是：一方面，生理上的变化有卵巢功能的衰退，分泌雌激素和排卵逐渐减少并失去周期性，直至停止排卵；垂体分泌促卵泡激素和促黄体素过多。雌激素的靶器官如阴道、子宫、乳房、尿道等的结构和功能改变，从而在围绝经期出现月经不规则、潮热、多汗、心悸、尿频、尿失禁、阴道干燥、性欲减退、睡眠差、骨质疏松及身体发胖等一系列生理现象。随着生理的改变妇女还可出现一些心理上不适反应，如情绪不稳定、记忆力下降、多疑、多虑和抑郁等。

另外，在社会关系方面，围绝经期妇女面临一些社会问题如职业困难、离婚、父母疾病或死亡、孩子长大离开身旁等，这一切都给她们带来精神压力，在一定程度上干扰了围绝经期妇女的生活、工作及其与他人的关系。她们常觉得自己变老了，不喜欢参加公共活动，对家人容易发脾气。出现这些情况，如果得不到社会和家人的理解，很容易导致家庭矛盾，甚至危及妇女的健康。

幸福女人的心灵处方

（1）在心理上，要认识到这只是一个人生的必然阶段，因此要调整好心态、稳定情绪、树立信心、建立和睦的家庭和人际关系，同时要积极投身于自己喜爱的事业并参加各种社会活动。

（2）在饮食上，要提倡合理营养，饮食以低盐低糖及低脂肪食物为主，但又要保证蛋白质、维生素、碳水化合物及足量的纤维素及矿物质的摄入。

（3）要坚持锻炼，以保持骨骼韧带的弹性和力量。提高心肺功能，改善神经系统的兴奋性和灵活性。同时，还要保持适度的性生活，有利于生理与心理的健康，防止早衰。

（4）生活要有规律，起居有常，劳逸结合。保证足够的睡眠时间。

女性更年期为什么心烦意乱

不管男人还是女人，更年期都是一个生命历程中一个无法回避的坎，既然躲不掉，那我们最好用一种波澜不惊、顺其自然的心态去对待它。此期间虽然在生理上会发生一些不适应，但内部发生的衰老性变化的结果，并不是疾病。只要保持乐观的态度，正确认识更年期是一个必然的过渡是最好的解决方法。

临床研究证实，在更年期有比较明显的症状的女性大约会占到10%—30%，症状出现的年龄和轻重程度与健康状况、工作、生活等因素有关。常见的症状包括心血管方面的，如阵发性潮热，即突然感到发热，涌向颈、面部，然后出汗、畏寒，有时可扩散到脊背及全身，历时数秒至数分钟。发作次数不定，轻者每天数次，重者可达数十次，夜间也常发作，时热时冷，十分难受。同时可伴有胸闷、气短、心悸、眩晕，甚至有短暂的血压升高。还可出现精神神经症状，如情绪不稳定，易激动、紧张、忧郁、好哭、失眠、疲劳、记忆力减退、思想不集中。有时感觉过敏或迟钝、皮肤发木、刺痒、蚁行感、头痛、关节痛。月经周期紊乱、经期延长、经血量增加，甚至来潮如血崩，然后不规则，逐渐停止。另外，外阴、阴道、乳房逐渐萎缩。

更年期是卵巢功能逐渐衰退到最后消失的一个过渡时期，其中以绝经为突出的表现。绝经的年龄因人而异，一般在45—52岁之间。部分妇女在绝经前后出现一系列以植物神经功能紊乱为主的症候群，叫更年期综合症。

更年期是正常的生理时期，很快会过去。症状较重可服用一些镇静、解痉、安眠药物，如利眠宁、奋乃静、安泰乐、谷维素等。中药二仙汤、逍遥散加减效果比较好。症状顽固或已经绝经者可少量服用激素治疗。

从现实当中有不少人认为，更年期就是指绝经期，其实这是含义完全不同的两个医学概念。更年期是指妇女从性腺功能衰退开始至完全丧失为止的一个转变时期；而绝经则仅仅是指月经绝止不行。也就是说，虽然绝经是更年期的明确标志，但它只是更年期中的一个里程碑，并不包括更年期的全部过程。据调查，绝经之前已存在卵巢逐步衰退的阶段（大约二至四年），不同的人时间长短不一，称为绝经前期。绝经之后卵巢功能更为低下，但不一定立即完全消失，一般也要经历二至三年，也有长达六至八年，甚至更长。所以更年期是绝经前期、绝经和绝经后期的总和，因此有学者称之为“围绝经期”。1994年世界卫生组织（WHO）在关于“90年代绝经研究进展”的会议上也提出了围绝经期的新定义来取代“更年期”一词。

“围绝经期”可以短至二至三年，或长达八至十二年。更年期究竟从什么时候开始，在多数妇女的记忆中是模糊的，调查时多数只能说出何时绝经，往往不记得何时开始有不适，何时症状消失了。然而未绝经不等于未进入更年期。有的学者提出，为了预防更年期的影响被忽略，以免到了不易处理的地步才求医问治，医务人员和妇女保健工作者有必要为40岁后的妇女进行宣传教育和咨询，普及更年期的自我保护知识，使之掌握何时及向谁求治。全社会都应给予协助，开展一些可行的普查门诊或建立机构，为40岁后妇女及早诊治更年期综合征。等到绝经后才开始采取保健措施，对很多人来说已经过晚了。

更年期是从性腺功能开始衰退到完全终止之间的转变时期，这一转变往往会因个体的不同而不同。由于性腺的功能从成熟到衰退的转变是逐渐发生的，因此很难肯定更年期是什么时候开始的。但卵巢的内分泌激素减少到一定程度，妇女就不再行经。纵然在绝经之前常常有月经不规律的表现，现在都公认妇女自然停止行经一年，就是自然绝经。停经一年后又突然来潮，甚至怀孕的情况，虽不能说绝无，但也是仅有的了。除了因一些疾病的需要而施行手术或放射治疗以终止卵巢功能以外，一般在绝经之前就有了更年期的变化；绝经之后，一些更年期的症状还可能持续一段时间。这样，从临床上就是很难准确掌握，因此只能从一个人的绝经年龄来估算她的更年期开始时间。严格地说，每个人的更年期开始时间都可因地域、气候、种族、经济、营养、初潮年龄、婚姻及分娩经过，以及避孕方法的不同而稍有不同。

一般说平均在45岁左右。绝经的年龄是可以准确肯定的，我国城市妇女平均绝经年龄49.5岁，农村妇女为47.5岁，美国妇女为51.4岁。绝经的年龄范围可在48—55岁之间。近年来，月经初潮的年龄有提早的趋势，但绝经年龄的改变不明显。约1%妇女在40岁前即绝经，可诊断为“过早绝经”或“卵巢早衰”。如果迟至55岁后月经才终止，可称为“迟发绝经”。

绝经年龄的早晚与生活地区的海拔高度、气候、遗传、社会及家庭经济状况、营养等因素有关。营养充足、卫生习惯良好者更年期起始年龄往往推迟，母亲绝经年龄及生产次数可能影响绝经年龄。反之，长期营养状况不佳、有剖腹子宫切除史、体重低、生活在高原者绝经年龄常提前，嗜烟者绝经年龄常提前一年半。服用避孕药、月经初潮年龄、种族不影响绝经的时间。

每个妇女绝经过渡期将持续多久？只能有待时间的流逝在最终说明之。月经周期衰退的时间可能在一年以内，或二至四年，少数病例可能更长一些。

为防止更年期综合征的干扰，或消除已经出现的种种症状，在重视更年期心理卫生的基础上，在日常生活中还要做好以下几件事。

幸福女人的心灵处方

（1）建立有规律的生活制度，饮食、睡眠、学习、工作等都要有规律有节奏，不能有时工作或娱乐至深夜，第二天又不起床，随意安排一天的生活。

（2）多参加有益的文体活动，培养乐观的情绪，既可活跃生活，又可增强体质，延缓衰老。用多方面的情趣爱好，来分散更年期出现的各种症状的注意力，减轻不适感。

（3）多参加有益的社交活动，多交朋友，防止孤独与寂寞，克服抑郁、焦虑的情绪。

（4）协调好家庭生活，减少矛盾和不良刺激，防止情绪波动。

（5）学会控制情绪，解除忧愁，放弃成见，依赖和顺从别人安排，遇事不忘超脱，退一步想。

（6）了解一些有关疾病的常识，如肿瘤等，并定期参加体检，做到早期发现疾病，早期诊治。

丽人杀手——隐性更年期

在一家北京一家医院的妇科，一位姓高的主任医师跟我们聊了一些关于隐形更年期的话题，她说，一些白领女性常常自诉身心疲惫、体重攀升、烦躁失眠、皮肤干燥、发色枯黄、月经紊乱等症状，有时候还会厌倦工作，虽然服用了大量保健品也无济于事。实际上这些都是更年期症状，只不过是在这个年龄群中提前出现罢了，医学上称之为隐性更年期现象。

另据最近的一项调查也显示，在30～40岁的白领女性中，有高达27%存在着不同程度的隐性更年期现象，她们有时还会莫名其妙地病一场，严重影响了自己与家人的生活与工作。

一般情况下，隐性更年期的症状大多会在真正更年期之前出现，主要表现为植物神经系统功能紊乱。所谓植物神经，既有中枢的，又有周围的，布满人体全身，其最大的特点就是不受意志支配，如人的心跳之快慢、血压的上下波动、体温的高低等，都不受人意志的控制而自主调节。这种调节由植物神经中枢控制，该神经中枢可受到内外环境的影响而发生指挥失调。

在隐性更年期内，内环境的变化主要是指卵巢功能下降，激素分泌水平降低或突然消失，外环境变化则涉及工作、生活、学习、家庭等一系列问题。受内外环境的影响，这一年龄段的女性会表现出各种症状，如皮肤失水起皱、乳房下垂、体型趋胖。这些现象会导致她们心理焦虑。一些女性会在公众场合突然颜面潮红，随即全身出汗，有的会感到心口闷、心跳加快，从而怀疑自己得了心脏病，也有的因消化道功能失调导致腹泻或便秘症状出现而加重了紧张情绪。

都市快节奏、高强度的紧张生活，是导致现代女性过早出现这些情况的主要原因。从个人角度来说，重视自我保养、调节身心健康就显得尤为重要。注重健身应做到起居有规律，营养要均衡；注重健心要做到及时调节情绪，保持乐观心情和积极的处事态度，必要时可采取心理治疗，以缓解和消除紧张情绪。

专家提出告诫，年轻女性要保持健康的体魄和美丽的容颜，除了要注重健身，调适心理外，还应该做到起居有规律，营养要均衡，必要时可以到医院就医，在医生的指导下服用一些植物雌激素进行调理。

幸福女人的心灵处方

1、做好充足的心理准备。

2、注重健心要做到及时调节情绪，保持乐观心情和积极的处事态度，必要时可采取心理治疗，以缓解和消除紧张情绪。

3、注重健身应做到起居有规律，营养要均衡。

更年期≠终结美丽

随着时间的流逝，许多女人都担心自己的美丽会在某个醒来的早晨瞬间凋谢，特别那些临近更年期的女性。其实完全没有必要为此提心吊胆。我们要告诉你的是，“年龄只是一个数字”，更年期并不是美丽的终结。只要悉心调养、保健，更年期照样可以与美丽同行。 有一个在外地工作的朋友，最近在一次小聚中，提到她的妈妈近来变得阴阳怪气，常无缘无故发火骂人，冒冷汗、睡不好，整个人都变得很憔悴，想陪她出去走走，又说头晕胸口闷，“更年期一定会这样吗？”她担心找不回以前快乐而又美丽的妈妈了。

关于更年期的说法，科学上的定义是卵巢功能衰退降低到完全丧失的过渡期，一般发生在40—50岁，由于女性荷尔蒙逐渐停止制造，引起种种身心不适，老化征兆也更明显，因此一直被视为一道不易跨越的关卡，也是许多迈入中年女性难启齿的隐忧。

其实许多的女性的经历告诉我们，更年期不代表美丽的终结，除了寻求医师协助，透过饮食调理，不但可以疏解某些症状，还有助延缓老化，尤其停经后女性罹患骨质疏松、心血管疾病的几率大增，健康饮食更能成为抵抗疾病的利器。

或许你还年轻，你还无法理解当一个女人发现自己开始走向老年时的心情，那时的她们就像要被许多事物和人抛弃一样可怜。所以家人一定要多与她沟通交流，做丈夫的尤其如此，她可能对你语言苛刻，把你当出气简，但你不要计较她此时的语气和态度，想想她充满感情的时候，想想她这么多年的艰辛，理解和宽容她吧，要与她相互陪伴，你仍然是她的依靠。

幸福女人的心灵处方

（1）倾诉和发泄。“思伤脾、忧伤肺、恐伤肾、怒伤肝”系《黄帝内经》所记，可见不良情感必须发泄出来，万不可埋藏起来。有眼泪就就让它流出来，眼泪可以解除痛苦。但要注意方式和方法。

（2）在饮食上，要提倡合理营养，以低糖和低脂肪食物为主，但又要保证蛋白质、维生素、碳水化合物及足量的纤维素矿物质的摄入。

（3）在更年期这个特定时期要时刻注意自己的不良情绪与症状，努力调整心态，使自己时时保持愉悦的心情。

（4）参加一些中老人的活动，动起来，使整个人也年轻起来，这样会感觉生活很有意义，自己会感到自己依然很年轻。增强自信心。

更年期常见的心理异常——多疑

许多女性到了更年期都会变得多一起来，并时常因此与家人发生误解与冲突。其实她们在此之前的个性特点并非如此，但到了更年期却会逐渐出现。这种多疑的心理严重地影响了家庭生活与人际关系。尽管这些女性自身也很苦恼，但周围的人却因为不知情而不能给予相应的理解。多疑心理患者的症状一般没有什么明显的共性，它会因为当事人的文化层次和人生经历而各有不同，大致来讲有以下几种情况：（1）感知觉过敏。过分的敏感，把发生在周围的一些不愉快事件强行与自己联系，听了风就是雨。听说同龄妇女生癌死亡，马上会联想到自己可能也会有同样的下场；在家里，孩子放学后晚归，会联想起路上是否发生车祸；有女同志往家里挂电话或爱人晚归，联想是否有第三者。（2）特别关注流言蜚语。在一些单位里，总有一些人喜欢传播小道消息，或是流言蜚语，某些更年期妇女就是这些传播的积极参与者和受害者。当流言蜚语被夸大，失实时，造成人际关系的紧张，对更年期妇女来说，又是一种恶性刺激。（3）行为动作关系。即对别人的某些行为和动作，作盲目联系。有时别的几个人在一起轻轻的议论某件事，正巧某位更年期妇女走过，他们停止了议论或突然发笑。尽管这些人议论这事与她毫无关系，这位妇女马上会敏感地把它联系他们背后议论我。心中的不平衡马上膨胀，情绪立即会激昂起来。（4）盲目怀疑。尤其对一些涉及到其本身利益的事无端地盲目怀疑，如晋级、加薪、分房中的一些决策没有满足其本人的愿望时，她就会盲目怀疑，既可以怀疑领导班子，人事部门中有什么人在背后作怪，甚至板着手指将这些领导干部逐个“排队”也可能怀疑同一部门的人员，是否在背后打过小报告，“搅掉了我的好事”，一旦认定，愤恨之心就会急剧上升。

幸福女人的心灵处方

（1）经常进行自我心理调整，摆正自我位置。易怒发脾气是更年期到来的前兆，它们一冒出来，你就该提醒自己要注意。这是更年期的表现，不要随着自己的性子乱发脾气。

（2）处理好家庭成员之间的关系，尤其是自己所处的特定时期，时刻告诉自己要宽容些，让家庭和睦，以避免不必要的冲突。

（3）培养自己的兴趣爱好，并积极参与，使自己不觉得无聊，有所乐，有所为。感觉自己活得有价值！

更年期性行为变化

更年期是妇女生殖能力逐渐停止的过程。绝经则是生殖能力终止的信号，但这并不表明妇女的性要求与性反应能力终止。相反，当妇女意识到自己即将进入绝经期或已绝经后，由于不再担心怀孕的问题，可能会出现性欲增强。当然这存在明显的个体差异。

由于更年期是一个较长的时间过程，处于不同时期的妇女对性的要求可稍有不同。绝经前期，还要考虑避孕的问题，还存在担心怀孕丢人的紧张情绪。有些月经过多、出血时间延长的妇女，可能影响丈夫的性要求和情趣。绝经后可因阴道皱襞及分泌物减少出现性交痛。有的妇女会主动向医生要求治疗以满足夫妻双方的性要求和性和谐，但也有部分妇女因此而拒绝男方的性要求，成为绝经期吵架、感情不和的一个重要原因。

由于传统的影响，中国妇女尤其羞于向外人谈及个人的性生活问题，即使遇到了麻烦，也只好自己忍了。许多男人无性知识，对女性的性要求和性反应缺乏了解，甚至存在大男子主义，性生活中只求满足个人的私欲，对女方不观察、不了解、不体贴。长期性抑制和无满足的性生活使中年妇女出现了厌倦性生活的现象。

性功能是每个人的生理本能，就是到了更年期也会有一定的性兴趣。对此必须要有一个正确的理解和认识。更年期及老年期的性心理及性接触，已不再是为了生育，而是为了双方感情上的交流，这种特有的精神需要并不会随年龄的增长而消失。作为丈夫，进入更年期后要争取多用性接触来增进两人间的感情。

幸福女人的心灵处方

（1）当夫妻性生活不协调时，不妨调整一下性生活的规律，或者分居一段时间。

（2）夫妻性生活的本身存在着非常广泛的含义，除性交外，拥抱、亲吻和爱抚，同样也是性生活的内容，同样也可获得性欲的满足。

第八章

快乐的女人最幸福

快乐需要自己寻找

人生不如意十之八九，这是谁都无法回避的事实，但这并不代表我们就没有了快乐的权利。快乐不需要任何理由，只要你愿意，随时随地你都可以拥有它。快乐更不依赖财宝，有些人家徒四壁，但一样过着快乐的日子。也有些人家财万贯，但也不见得终日笑口常开，快乐常在。

我们在字典里看到的关于快乐的定义是这样的：觉得满足与幸福。德国哲学家康德则认为："快乐是我们的需求得到了满足。"的确，快乐是一种美好的状况，也就是没有不好或痛苦的事情存在，你觉得个人及周围的世界都挺不错。

快乐是幸福生活的源泉，只有生活得自在、潇洒就能使自己更快乐。那么，我们怎样才能潇洒走一回呢？工作之余，想出一个能让自己在现实生活中活得趋脱一点，那就是给自己寻找快乐，充分享受生活的乐趣：唱歌、跳舞、钓鱼、骑马……因为快乐是人的一种心理愉悦的体验。只要人能正确看待人生，有奋斗的目标，增强自信心，有积极的心态，就能找回属于自己的那份快乐！因为快乐的人心态年轻，因为快乐的人，身体康健，因为快乐的人才能长寿。为了我们的健康人生，应该学会积极寻找快乐。当你出色地完成了工作，你的心会感觉快乐；当你研究的课题完成了，你会体验愉悦的心情；当你的学识有了长进，你又攻克了难题，工作上有了创新，你会唱起欢乐的歌；当你有了爱你的男孩，你会欣喜；当你要进入婚姻的殿堂，你会心花怒放；等你有了孩子…… 每个人以自己的平常心，积极捕获每个快乐的瞬间，为自己寻找快乐，使自己感觉欣喜，使自己获得慰藉。人的梦想有多大，创造理想心绪的舞台就有多大，你愿意选择一条低处流水积满的深潭，还是选择一条平坦宽阔的大道，毋庸置疑，后一条路是你的首选。当你满怀激情地走来，开始一天的学习或工作，你会选择做自己情绪的主人，在愉悦中操纵自己的思维，你就是成竹在胸的画家，愉快地挥毫泼墨，描绘色彩斑斓的画卷。乐观让成功变得简单，挫折也会让你变得坚强。每天给别人一个笑脸，好像人人栽下一棵乐观的常青树。盼望自己每天拥有一份好心情，因为快乐的心情是一份难得的好财富！相信你将天天拥有好心情！你就会觉得自己活着多么快活，多么自在，多么轻松！

谁都知道生命的长度无法改变，但生命的质量却是可以左右。一个人活在世上，就算他再淡泊名利，再与世无争，来自社会、生活和工作的压力仍是无处不在的。为了让生活更有热情，工作更有激情，我们有理由给自己寻找一个释放压力的机会，为自己营造一个快乐的心情。

幸福女人的心灵处方

（1）宣泄积郁。心理学家认为，宣泄是人的一种正常的心理和生理需要。你悲伤忧郁时，不妨与异性朋友倾诉；也可以通过热线电话向主持人和听众倾诉；也可以通过网络与网友倾诉；也可进行一项你所喜欢的运动；或在空旷的原野上大声喊叫，即能呼吸新鲜空气，又能宣泄积郁。

（2）随遇而安。这是心理防卫机制中一种心理合理反应。培养自己适应各种环境的能力，遇事总能满足，烦恼就少，心理压力就小。古人云：“吃亏是福。”生老病死，天灾人祸都会不期而至，用随遇而安的心境去对待生活，你将拥有一片宁静清新的心灵天地。

（3）精神胜利。这是一种有益身心健康的心理防卫机制。在你的事业、爱情、婚姻不尽如人意时，在你因经济上得不到合理对待而伤感时，在你无端遭到人身攻击或不公正的评价而气恼时，在你因生理缺陷遭到嘲笑而郁郁寡欢时，你不妨用阿Q的精神来调适你失衡的心态，营造一个祥和、豁达、坦然的心理氛围。

（4）难得糊涂。这是心理环境免遭侵蚀的保护膜。在一些非原则性的问题上“糊涂”一下，无疑能提高心理承受的阈值，避免不必要的精神痛楚和心理困惑。有这层保护膜，会使你处惊不乱，遇烦恼不忧，以恬淡平和的心境对待各种生活中的紧张事件。

（5）音乐冥想。当你出现焦虑、忧郁、紧张等不良心理情绪时，不妨试着做一次“心理按摩”——音乐冥想“心理按摩”——音乐冥想“维也纳森林”，坐“邮递马车”……

（6）幽默人生。这是调和心理环境的“空调器”。当你受到挫折或处于尴尬紧张的境况时，可用幽默化解困境，维持心态平衡。幽默是人际关系的润滑剂，它能使沉重的心境变得豁达、开朗。

知道自己要什么

现代的都市生活节奏是越来越快了，随之而来的除了日新月异的社会大发展，还有人们内心深处的疲惫。日复一日繁重的劳作，使许多人对过去曾经热衷的活动和爱好失去了兴趣。在迷茫之中，大家甚至都忘记了自己正真想要的是什么。心理学方面的资深人士提醒大家，出现这种状况切莫疏忽大意，很有可能是“寡趣症”找上门来。

根据专家们的研究结果，我们首先可以肯定的是的是，这是一种不正常的心理现象，也可以归结为一种病态。此症最早见于美国，患者开始的症状与感冒相似，随之出现颈淋巴和颌下淋巴结肿大，突出的症状有乏力、嗜睡，对工作、学习甚至任何事情都不感兴趣或感到厌倦。

另外，这种心理障碍并不是孤立存在的，它与一个人的性格、思维方式、生活方式、心理健康状态有关。因此，重建积极的思维方式和生活方式，学会自我心理调节是有效的治疗方法。

有一个这样的病例：刘女士，29岁，某外企行政助理。近些日子，她非常苦恼自己的工作热情每况愈下。工作的时候，不仅没有一点灵感，而且还常出错。一直以来，在同事们的眼里，她是一个工作充满激情、幽默和智慧的职业女性。在领导心目中，她也是一个非常出色和值得信任的优秀编辑。她不愿意处于“无热情”的工作状态，甚至在工作害怕出现各种“无热情”的迹象。比如，厌倦疲乏、反应迟钝、丢三落四。她想辞职，但总是下不了决心，不甘心嘛。她想装出很有工作热情的样子，但那种不自在，使她感到工作如受罪。以前也出现过类似的情况，但从来没有像这次那么难以逾越。她怀疑是不是自己不适合需要大量牺牲脑细胞的编辑工作。有时也怀疑自己的知识储备是不是枯竭了……

像刘女士这种凭着自己的兴趣去工作的人，一般都有一个共同的特点：完全依据个人的兴趣做事。只要有兴趣，没有意义的事情也能在做的过程中变得有意义。一旦兴趣过去，本来有意义的事情也会在做的时候觉得没有意义的。刘小姐的苦恼，是自己无法面对和难以改变“无热情”的工作状态。她不知道，这种“无热情”的工作状态，恰恰是她“激情”工作状态的续发反应，就像白天过后是晚上一样。或许，在生活上刘小姐也明白白天工作、晚上睡觉的道理。但在工作上，她就不能接受“激情”之后“无热情”的工作状态。她期望自己一直处于“激情”工作状态中。因为，“激情”状态跟同事和领导对她的赏识及良好印象紧紧地连在一起。但是，“无热情”工作状态是不以她的期望和意志为转移的。由于刘小姐“跟着感觉走”的心理特点，所以在“激情”状态下，她会更加拼命地工作，并创造出骄人的业绩。不知不觉中，她的工作热情被透支了……。工作热情透支得越多，“无热情”工作状态反应的程度就越明显，持续的时间也越长。

许多时候，我们都该扪心自问一下：从早到晚如此勤奋工作究竟是为了什么？除了赚取温饱外，最重要的是要从工作中获得乐趣，只有这样活着才不会失去生命的意义。

所以聪明的人都会得出这样一个结论：人生最大的生存价值，便是乐在工作。可事实是，工作毕竟是件辛苦的事，如果抱着为工作而工作的想法，不能从工作中找到兴趣，只会愈做愈累，好比在痛苦的地狱中，生不如死。

忘记哪位作家曾经说过这样一句话：“成为成功者的主要条件是，每天都对自己的工作感到新奇。”

工作有没有成就感，是因为自己不去将工作兴趣化，如果能将工作升华为有趣的游戏，相信无时无刻都能感受到工作的喜悦。

做一行怨一行是很多人的通病，难怪工作做不好，难怪觉得没有成就感。就像一般人都会羡慕别人的幸运，嫉妒别人的成功，不去思图振作的方法，会自怨自艾。

也许有人会问，该如何对自己的工作感到兴趣呢？最好的方法就是挑选对自己适性、适情的工作，因为如果该工作能符合自己的喜好，便可从中产生很大的兴趣。

如何找出自己的喜好？方法很简单，只要拿出一张纸，依照以下的指示，记下自己最擅长的项目或专长：

（1）写出自己拿手的项目，例如：绘画、唱歌、跳舞、写作、演讲、弹奏乐器等。

（2）写出让自己引以为傲的特质，例如：细心、体贴、温柔、宽容、知错能改等。

（3）写出自己和周遭亲友相处的关系，例如：能为别人着想、急功好义、打抱不平、见义勇为等。

只要站在客观的立场，列举出自己的各种专长、成就和特质后，便能得知自己感兴趣的项目有哪些，然后从其中找出最适合发挥的才能，好好发挥所长，就能认真努力工作而不感到辛苦。

乐在工作，从工作中找到满足感，并对自己选择的工作不以为苦，人生绝对是快乐百分百。

幸福女人的心灵处方

（1）以积极的心态面对工作和生活。

（2）坚持体育锻炼或养成运动的习惯。

（3）日记疗法。养成每天写日记的习惯，以此唤醒对生活的热情。

（4）注意饮食。多吃新鲜水果、豆制品、鱼、蛋、奶等富含蛋白质、维生素、纤维素的食品，既能促进体内有害物质的排除，又能增强机体免疫力和抗病能力。

女人要多做心理美容

梳妆打扮是职业女性的一门必修课，或许你已经做得足够好了，但是不要因此就洋洋自得，要知道，涂涂抹抹毕竟只是表面文章，心理的美容才是化妆的最高境界。这是因为，情绪不良会损及人的身心健康，更损害人的容貌。这就是当今很流行的一种新的美容观点：单纯的外表美容仅是舍本求末的做法，科学的美容法，应从追求整体美、自然美和健康美入手，情绪调整是美容的要素之一。

现代医学研究表明，人的精神状态好坏与皮肤休戚相关，并有其物质基础。皮肤的色泽取决于表皮黑色素的含量、分布以及皮下血管收缩与扩张的程度，而这些因素无不受控于神经—体液—内分泌系统的调节，其中情绪则起着“总导演”的作用。

“畏老老相追，忧病病弥缚。不畏亦不忧，除才祛病药。”这首古诗道出了心理养生的真谛。古代没有如此众多的化妆品，但古代女子的皮肤丝毫不比现代人差，否则便没有“冰肌玉骨”、“肤如凝脂”、“面若桃花”这些成语了。这与古代的那种悠闲、从容的生活不无关系。我认识的几位朋友，性情温和、淡泊，皆皮肤姣好，其中一人已四十有二，仍似大学学生。问其奥秘，答曰：“性情淡泊也。”最近报载赵雅芝，虽有二子，但青春依旧。究其奥妙，亦是性情平和、恬淡之故。精神、心境还可直接影响一个人的气质、仪态。但在现代生活中，要保持平和、恬淡、安详的心态，没有修身养性的功夫，恐怕大多数人是不易做到的。

奉劝爱美的职业女性朋友，现在正在流行心理美容，请注意调节你的情绪，这是不用花钱的最好化妆品。

幸福女人的心灵处方

意念美容法：每晚于临睡之前盘腿端坐于床上，深呼吸三次，然后全身放松，自然呼吸。意念想象自己置身于一湾清澈的湖水旁，湖畔绿草如茵，头顶明月当空。恍恍惚惚置身于这个仙境中，想象自己的皮肤如月亮般皎洁，清澈的湖水滋养着皮肤。面部有雀斑者，可想象雀斑点点消退，皮肤变得光滑、细嫩。每次一刻钟左右，约二周即可见效。

不自信你就不快乐

快乐的女人各有各的快乐生活，但本质上她们都有一个共同的心理特征——自信。自信的女人是阳光的，只有阳光下的女人才是快乐的。而不自信的女人往往对自己不满意，继而对身边的所有事物都不满意，她们郁郁寡欢，她们整日生活在一个灰暗的角落，根本没有快乐可言。

1. 产生不自信的原因

当然，如果从自我激励的角度来讲，对自己不满意有时也有其积极的一面，但如果这种不满影响了你的工作和生活，影响了你的形象和精神，那么就要注意了，它可能成为你不自信的根源。产生不自信的原因很多，无外乎客观因素和主观感受两个方面：

（1）客观因素主要包括：自身条件的限制，比如学历、身高、容貌、家庭背景、职业环境对你的认同等等，这可能在一定程度上影响你对自我的判断，从而影响你的精神面貌、工作能力，最终的结果是影响了上司对你的看法、与同事的关系以及你个人的升迁之路。

（2）主观感受是指对发生在我们身上的事情的判断和我们对自身的评价，当然主要包括对工作能力、公关交往、外形气质方面的评价，这种评价来源于旁人对你的点评（其实这种点评传到你耳朵里的又有几分正确呢），以及你拿自己与他人作比较（姑且不论这种比较是对的还是错的）。于是，你就不自信了，走路都不抬头挺胸，开会都不敢发言。渐渐地，对自己彻底失望了。

2. 不自信者的一般表现

（1）消极地看待问题，情绪低落。自卑的人总是从消极的角度来看待问题，把事情往坏处想，认为生活、工作已经没有希望了，情绪也随之很低落，快乐不起来。

（2）喜欢猜忌。对自己总是没有信心，总是认为自己不如别人，处处低别人一等，不能正确地评价自己。同时，对别人也没有信心，对他人的能力存在怀疑。

（3）不喜欢与他人交往。长期自卑的人，一般比较敏感，他们一方面对自己没有信心，一方面又怕别人看不起自己，所以他们很少与人交往，不敢在公共场合说话或发言，很怕自己说错话，被别人看不起和笑话。

（4）不愿意改变，不愿意尝试新事物。严重不自信的人对自己的评价很低，同时喜欢从消极方面看问题，认为每件事情自己都做不好，所以面对问题时，不愿行动起来，不愿用行动来改变。

3. 不自信者的职场相

如果在职场上，你成了一个不自信的人的话，那么，你就有可能成为下面最不应该的职场类型：

（1）伴娘型：不是真的做不好工作，而是感觉自己做得不如人家好。于是，在所有的重要工作中，你就成了委屈一旁的“伴娘”。你说，这样的你还会有升迁的希望吗?

（2）水牛型：因为总是感觉自己的能力不够，一旦有人让你帮忙，你就会笑脸相迎，会放下自己的本职工作去伸手支援，想以此来证实自己确有能力。你为别人牺牲了不少，却很少会得到上司的赏识。

（3）鹦鹉型：迫切地想提升自己的职业形象，可又担心自己的言行无法满足这一要求，担心“不恰当”的言行会让同事看扁，或干脆得罪了同事，于是人云亦云，没有自己的主见。

（4）过分谦虚型：由于对自己的认识不足，在任何场合都不愿意表现自己，不张扬自己的优点，过分谦虚。久而久之，同事们就会认为你是个极为虚伪的人了。

五、红眼型：其实内心对能力、职位的渴求已经超过了任何人，可又没有机会、没有信心去争取，于是对身边取得一定成绩的同事产生了嫉妒心理，不自信者的这种嫉妒往往无法转化成动力，只能成为前进路上的绊脚石。

幸福女人的心灵处方

1. 对自己有一个正确的评估

把自己“硬件”摆一摆，诸如学历、工作年头、取得业绩乃至身高、体重、着装、皱纹拿出来评判一番，是否是其中的某项让你信心尽失。

和同事，最好是好友沟通，看他们对你的评价是否与你自己的看法一样呢，也许你会发现你在办公室有那么多的闪光点。即使他们是在恭维你，你也姑且相信他们。

2. 给自己一个自信的新形象

从形象入手，无论你多大的年纪，都要穿比实际年龄小五岁的服装，换一个时髦的发型，走路步伐加大15厘米，加快速度，说话声音加大20分贝，在走廊与旁人热情地打招呼。这是建立自信新形象的开始，上司一定会喜欢，同事会刮目相看，给你重新定位。

3. 提升工作能力

没有天生的拿破仑，只有真正的工作能力是你自信自强的基石。

没有爱一行干一行，只有干一行爱一行。既然你选择了目前的工作，就要深入了解本职工作需要何种人才，自己欠缺的能力到底在哪里。可以诚恳地与上司交谈，取得共识。如果需要电脑、英语的精进，那就去充电；如果你优柔寡断，那需要心理素质的锻炼；如果是广告营销人员，可天性拘谨，那么你需要参加各种沙龙活动。最有效的方法，就是观察优秀的同事、朋友，从他们身上你可以悟出自己的差距。

4. 从自己的小天地里走出来，多结交朋友

一些人喜欢把自己关在一个小空间里，将遇到的挫折自己独自吞下。这样时间久了，就容易养成孤僻、内向的性格。所以，自卑的人应该学会走出自己的小天地，融入到集体当中，多和他人打交道。慢慢地，你的交往能力也就提高了。

远离社交恐惧症

每个人都是社会的一分子，这是谁都无法改变的事实。无论怎样你都不可能脱离于社会之外，然后悠哉游哉地过一种只属于你自己的小日子。你必须溶入这个社会，你才能在这个世界上有一个立足之地。而要做到这一点，正视并且从容地应对社交就是你的必修课。

然而，一个不可否认的事实是，我们每个人的内心都不是生下来就异常地坚强，都有脆弱的一面。社会排斥和当众羞辱总是为人所惧，为人所避。就像害怕被动物咬、怕从高处落下或害怕被逼到一处透不过气来的洞穴里一样。这就导致了一个似是而非的情形：有些人害怕当众难堪，他们回避对我们完整的生活如此重要的一些社会情境。虽然多数人习惯上把这类症状称作社交恐惧症，但就求助者真实的感受而言，“恐怖”比“恐惧”一词来的更贴切。“恐惧”往往指的是一种常态的表征，而“恐怖”则具有突发和持续加剧的含义。就我对求助者的内心体察看，令他们最痛苦主要还是在社交方面的各种各样“恐怖”感受。但在这里我们还是暂时延用“社交恐惧症”这个称谓。

患有社交恐惧症的人随处可见，它的主要症状表现为脸红、视线恐怖、对视恐怖、表情恐怖、异性恐怖、口吃恐怖、书写痉挛恐怖、体臭恐怖、聚餐恐怖、会议发言恐怖等。

在社交恐惧症最常见的一种形式当中，社交焦虑局限在非常具体类型的社交活动之中。只要这些情形能够得以成功回避，这些人都可以十分完美地发挥所有功能。也许最常见的一种担心是当众讲话。只要想到要当着全班人的面讲话，或者当着公司的人做报告，就足以引发一身冷汗。你对当众羞辱感到如此担心，因为这会让大家看到你的错处或不足之处。你有可能说些无知的话、愚蠢的话，或者令人非常难堪的话，或者会有话说不出来，紧张得脸红、发抖、出汗，或者因为担心而浑身僵硬，直挺挺地愣在那里。

强烈的焦虑对人的表现的负面影响有可能导致恶性循环，而这样的恶性循环有可能使问题永久化。例如，一位公司经理偶尔一次和客户吃饭，由于合同事关重大或者由于天知道的其他什么原因，端酒杯的时候手部出现了轻微的颤抖，有一些酒水洒了出来。他回家后，非常的懊悔，严厉的自我抨击后，暗下决心，心中一直惦记着下次一定不要再出现类似的情况，一定不要再抖。但很不幸的是，手因为他持续的担忧和关注又再一次“神奇”地产生颤抖，于是患者感觉自己好像陷入了万劫不复的深渊。类似还有脸红、面部肌肉僵硬痉挛、当众书写签字痉挛、不合时宜地出汗、说话声音颤抖等等。

有时候，社交恐惧症更为普遍。恐惧不仅仅因为一种具体的情境而触发，而是对任何类型的社会交往极普遍的回应。你会辞职，因为你无法与人面对，无法约人出来会面，除非其他所有客人都已经是非常熟悉的人，否则不愿参加任何聚会。到极端的时候，人会害怕任何涉及与其他人交往的情形。这些什么都怕的人倾向于独自生活，或者与自己的父母生活，倾向于寻找允许独自一人工作的职业，避免与陌生人接触，甚至有可能只在家里呆着。

如果有下述情况，你则有可能具有社交恐惧症：

（1）担心在社交场合出丑，也害怕当众表现某种动作。

（2）努力回避社交或表演性场合，如果非去不可，则会极端紧张，或者会发生恐惧。

（3）因为躲避社交场合而极大地影响了自己的生活。

害羞是正常的，我们大部分人在新的环境下都可能会产生一点点害羞的感觉，尤其是当这些活动涉及与陌生人打交道，并且要扮演新的角色时。除非自己的回避越过了正常的害羞界线，并且在妨碍你的成长和获取生活经验，使你无法在事业上取得成就，否则就不要给自己下这个诊断。

患有社交恐惧症的人自觉意识都很强，担心批评、出丑、被人拒绝，社交场合是不惜一切代价必须坚决回避的恶梦。你感觉令人痛苦的害羞、无能为力、不敢表露自己，特别是当遇到新环境或必须去做一件不太熟悉的事情时，也有的则相反，陌生的环境表现自然而特别担忧惧怕的倒是都和自己相识的熟悉的环境。你对说错话做错事或有什么伤颜面的躯体反应担忧得无以复加。你总在批评自己的一举一动，总在挑自己的毛病。你对哪怕最轻微的拒绝暗示也极其敏感，别人稍有批评，你都会五脏俱焚。因为总在想着如何渡过难关，因此每一件细小的人际接触都会变成巨大的挑战。你扔给自己的压力使自己在人际关系当中屡屡出错、表现别扭、措辞失当。你会特别依赖少数几个亲密的长期的人际关系，这使你陷在非常狭窄的几个交际圈中。如果你建立起一些私密的人际关系，那多半是在家人或工作伙伴当中，而且是他们主动建立的。你越是怕社交，就越是会落在同事后面，无法发展自己的社交技能，因此也越是笨手笨脚、经验不足。你回避的时间越长，你越是会感到落于人后，感觉自己再难赶上去。

幸福女人的心灵处方

（1）让自己经常处于松弛状态。患有社交恐惧症的人常常过于关心自己的表现会引起他人怎样的反应，因此心情常处于紧张状态。当你与人交往处于羞怯或紧张气氛中时，应尽量用玩笑或幽默来自我解脱。当你脸红时应尽量忘却它，不要担心别人是否会在意——其实你在别人心目中，并不如你自己所想的那么窘迫，如果你能把注意力集中到你所应当想的人或事上，你应会渐渐忘记自己的不自在。心理学家认为，松弛是克服社交恐惧心理的关键。

（2）树立信心。在社会交往中不要总是否定自己，拿别人的长处与自己的短处比，让自卑心理左右自己。要相信自己一定能行，遇事多采取主动态度。当你勇敢地说出第一句话，勇敢地迈出第一步时，你可能感到羞怯、恐惧。这时，应想到恐惧并不等于失败，胜利者比失败往往多的就是一份勇气。当你大胆尝试着与人交往时，会感到现实要比想像的简单、容易得多。

（3）改变你的身体语言。恐惧的人往往给人以孤僻、冷傲的表象特征，而实际上他们内心深感胆怯、孤独与渴望交流，但因为其表象使人们无法了解这些信息，反而回应以远离和同样的冷傲不屑，从而令恐惧的人越发感到不安。改变这种状态的最简单的方法就是改变身体语言。人际交往的身体语言中，最具魅力的是微笑。微笑是友善的表示、自信的象征，微笑可以使你摆脱窘境，可以缩短你与他人之间的感情距离，可以化解朋友间的误会，同时微笑可以减少你羞怯的感觉。

（4）学会同各种各样的人打交道，关键时刻表现自己。要训练自己与不同性格、不同气质、不同年龄的人打交道的胆量与能力。遇到聚会、联谊时要善于寻找时机与周围的人攀谈，关键时刻要勇于表现自己。如主持会议、晚会、演讲会等，让那些不了解你甚至小看你的人刮目相看。

（5）一步一步循序渐进。了解了专家的一些建议，或听取朋友关于交际的成功经验，并不能让你一夜间就能完全克服社交恐惧心理。事实上你内心深处仍感到恐惧。但是，只要你不断和人们沟通，努力去克服羞怯心理，那么你就能拥有自信与大方的笑容。

（6）做有心人，记下你感到不安的事情。当你记下你的害怕与担心时，你会觉得这些害怕和担心不可思议，而且完全没有必要。但这却是极有效的自我心理治疗方法，并且你可以为此预先做好克服它的准备。比如你演讲时，拿讲稿的手会抖，那你不妨把讲稿夹在写字板上，这样拿在手上就可能不会抖了。再比如去面试，也许你担心交谈当中会缺乏应变能力，那么你不妨在交谈前先猜想对方将怎样提问，把要回答的话想好，甚至自言自语地进行不懈的练习。这样就能临场不惧，应付自如。

快乐的女人不攀比

女人爱扎堆爱聊天，并且一聊起家长里短来就没完没了，所以在生活中才有“三个女人一台戏”的说法。乍看起来，这种“逢场作戏”挺热闹的，但热闹归热闹，不和谐的音符还是处处可见的，例如攀比。因为女人看到的往往是别人比自己好的地方，并因此心境难平。于是，只要一有机会，她们就和对方不断攀比。

房子的面积、孩子的学习成绩、丈夫的事业和地位等等，如此的大事小事都会成为女人攀比的对象。她们在攀比之中，或是心满意足、趾高气扬；或是孤芳自赏；或是醋意大发、怨气横生，总之几家欢喜几家忧愁。如果有人知道女人的这个毛病，忍让一些，想要息事宁人，其结果往往是对方把别人的谦和有礼当成软弱、淡泊超脱当作无能，在争斗比试中活得有滋有味。实际上，这种纯人事而非工作的斥力，正是让我们活得苦、活得累、活得不舒心又难以改变的缘由。

刘斐就是一个爱攀比的女性，她的家庭不算富裕，但是她看见同事张会计买了辆新车，就觉得自己也应该买一辆。于是她便借钱买了一辆和张会计的车一模一样的，甚至连车身的颜色都一模一样的车。

刘斐觉得开车美极了，可以戴上墨镜四处飞奔，可以在人多的地方到处炫耀。但是令她没有想到的是买了车还不算完事，还得要买油，还得交纳保险养路费等等。这给本身就不是很富裕的家庭带来了很多经济负担。是啊！有着攀比心的人确实会很累，别人有什么自己就要有，借着外债过着紧巴巴的日子。

攀比作为一种无聊的消遣，对我们的日常生活没有任何好处，女人在无休止的攀比中煎熬着心灵，进行着最无用又最催人衰老的“战争”，在时间的推移中，既失去了外在的美丽，又失去了内在的美好。

我们一定要相信，上帝是公平的。上帝给谁的都不会太多，也不会太少。偶尔给错了，多给了，他还会收回去，收的时候也会多收，连本带利。对女人而言，不要处处攀比。当在攀比的过程中遇到不幸的时候，不要埋怨上天的不公，也不要去渴求别人的怜悯。任何方式的同情都是廉价的，面对现实，积极乐观，努力找到生命的另一个窗口，去唤醒黎明，在痛苦中崛起，才会展现你最美的一面。

幸福女人的心灵处方

1. 树立平和坦然的竞争心理

看到别人在某方面超过自己时，不要盯着别人的成绩怨恨，更不要把别人拉下马，而是要采取正当的策略和手段，在“干”字上狠下工夫。

2. 树立正确的价值观

肯定别人的成绩，虚心向别人学习。

3. 提高心理健康水平

心理健康的人总是胸怀宽阔，做人做事光明磊落，而心胸狭窄的人，才容易产生嫉妒。

4. 摆正自己的虚荣心

（1）追求真善美。

（2）克服盲目攀比心理，一定要比就和自己的过去相比，看看各方面有没有进步。

（3）珍惜自己的人格，崇尚高尚的人格。

高薪不等于高兴

身在职场，没有谁不希望自己有一份满意的薪水，这是人之常情，是可以理解的，但这并不是说高薪就是一切。在一部很受欢迎的电视剧——《刘老根》中有这样一句耐人寻味的台词：“高官不如高薪，高薪不如高寿，高寿不如高兴。”很简单的一句话，却很有哲理。这就告诉我们，人生的最高境界是高兴，不是所谓的高薪。

上海电大财会专业的张裴大学毕业后，很幸运地被一家著名的会计事务所录用。上班后的第一个月，她就拿到6000元的工资，事务所还对她承诺，一年后她的收入就可翻一番。于是，拿了高薪的张裴很快成为同学们欣羡和追逐的目标，她自己也把小腰板挺得直直的。

然而，工作几个月后，张裴的腰板就再也挺不起来了。每天，她至少要工作10多个小时，还经常加班到凌晨两点，她越来越觉得自己被压得喘不过气。这还不是主要的，最让她受不了的，是她那工作没思路、工作方法陈旧却不允许提意见的顶头上司，她工作干出成绩，这位上司就阴阳怪气地说她运气好，下次肯定做砸；她工作若有了失误，这位上司便会暴跳如雷地指责她。

最后，张裴在忍无可忍的情况下，抱着“宁可不挣钱、也不受这份气”的想法辞去高薪工作，重新找了份薪水比原来少一半，却能正常上下班、人际关系融洽的公司工作。她说：“通过这件事我清醒了很多，能在一个宽松、和谐的气氛下快乐工作，这比什么都重要。我不能把自己的青春葬送在高薪工作中。”

据前不久智联招聘发布的调查显示，目前，有六成以上的人尽管拿着高薪，却感觉幸福指数并不高。而半数以上的人为跳槽方便，只肯与公司签一年工作合同。

专家指出，快乐与否，要看用于情感交流的支出占整个支出的比重。现实情况是，收入虽然高，但金钱不能与快乐直接对应，高薪不等于高兴。不少人忙得歇不下来，根本没有与家人和朋友、同事充分聊天沟通及享受生活的时间。如此这样就会产生被工作、被时间奴役的感觉。

有没有既高薪又高兴的职业呢？没有，天下没有免费的午餐，任何一位老板不会把一份轻松快乐收入又高的工作无端地奉送给你。高薪是有代价的，经常加班、没有休息日、无休止的应酬、与自己不喜欢的人打交道、难以排遣的压力、健康受损、衰老加速……面对高薪下的高责任、高压力，我们要做的不是埋怨和回避，而是如何调节高薪高压下不高兴的心态。

幸福女人的心灵处方

1. 按部就班地行动

事业成功的人往往耐得住寂寞，在那些看似程式化的进程当中寻找到快乐，他们是善于自我控制的人，可以让时间听从自己的安排。

从接到任务的第一时间起，在自己的备忘录上用醒目的符号标注出截止的日期，并把任务均匀地分配在日程之内。这样做，不但每天可以轻松地做完部分工作，而且由于时间的充沛，所以更有理由把当天的这一部分工作组织到完美。因为有惰性的人一定是先松后紧，最后让自己慌手慌脚地把工作敷衍了事，那样的效率与业绩，是不可能超越一贯按部就班地行动的人的。

2. 永远现在进行时

有时候，对你而言，结束一件一小时之内就可以完成的工作，可能不如望向窗外发一小时呆来得有趣。客户的电话非今天打吗？不如先和朋友在MSN上聊几句，因为明天他就出远门了，而客户大概明天还在本城吧！如果明天客户不在，周五相信他一定在办公室里，不如索性周五再说吧……

绝不要给自己一个理由，说服自己把工作交给下一个小时。永远以“现在”这两个字来想问题，把“明天”、“后天”、“下星期”想成遥远的下个世纪好了，做个“我现在就要开始工作”的人，哪怕只是拿起电话，和客户说说你刚才想到的那个创意，让他觉得你是一个主动的热情的服务者。工作在此时此刻，是让我们保持战斗欲望的行动力。

3. 做个“恺撒大帝”

很多人对金钱的观念麻木而淡薄，从好里说，淡泊名利、与世无争，从另一个角度看，也的确是没什么追求和上进心，不太在意生活的品质。

看看另一些人是如何对待生活的：比如永远把自己打扮得光鲜靓丽、穿着入时的同事，比如拥有了一套高尚地段的房产的大学同学等等。不要羡慕人家的命好，大家都是一样的。我们拼命工作，不就是为了离自己理想中的极乐园更近些吗？每隔一段时间就给自己制订一个目标，大的像买一辆自己喜欢的新车，小的如买一套今秋的流行格呢套装。有时候，压力是让人忘情于工作最好的动力，当你终于可以为了卸下包袱松口气时，你的目标也会实现。

4. 把你的闹钟拨快10分钟

迟到其实是一件让人窝心的事情。要不是贪恋早间那最珍贵的

5分钟睡眠时间，谁愿意不吃早餐、不化个精致的淡妆就出门，慌里慌张地去面对打卡机无情的判决呢？很多人知道自己喜欢拖拉的毛病，但却不知道怎么解决。

其实这个秘密很简单：你把你的闹钟拨快10分钟即可。记住，无论是家里的钟还是手腕上的表，甚至连电脑的时间也不要落下。千万不要小看这短短的早10分钟的时间，它给你设定的可是一个提前的助跑机会，让你在别人还没启动的时候，就已经开始发力冲刺，不知不觉中你就成为了工作面前最主动的那个人，同时拖延的毛病也在不知不觉中消失。

5. 有用的人就在你身边

很多公司都有个不成文的规定，在新同事到来时，大家都会送一点小礼物表示欢迎。但不少人是礼物照送，却流于形式，并不想彼此真正成为朋友。而对于一个连身边的人都懒得结交的人来说，更不要指望他有心交很多四面八方的有用的朋友。如今这个社会，完全是靠人际关系网来工作和运作的，需要别人帮忙时，从何向别人主动开口？

下次有新入职的同事到来时，不妨当面递上一张自己做的卡片，除了自我介绍之外，再附上一段你的祝福语，简简单单，就赢得了别人的心。它的好处在于你以后的工作中，都会得到大家不遗余力的帮忙。几句温暖的话就可以收买到人心，为自己轻松编织一张人际网，占尽了主动的先机，何乐而不为？

6. 一杯咖啡时间

有时候，我们认为把自己的工作分摊出去，不免有“支使”他人之嫌，即便把工作交给了别人，但由于个人理解与处理问题的角度不同，他人所做的工作汇总到你这里时，你会遗憾地发现，你们好像说的根本就是两回事。你可能因此而后悔当初不如自己把事情干好算了。

当下一个任务下来时，你可以召集大家开一个小会，把自己对任务的理解面对面、最大限度地传递给合作者。在整个项目的进行中，你需要做的也许就是找出一点空余时间，和每一个项目执行者一起喝杯咖啡！这样做，好处是可以让大家都有时间去处理每个人手上的要完成的工作，又能及时地沟通，随时调整彼此支持力度的侧重点。看，一杯咖啡时间，就是这么简单而已！

7. 开门见山地陈述观点

在这个竞争激烈的职场上，和你一样具备了相当专业实力的人实际上很多，在质素相仿的一群人中，抓住机会脱颖而出，才能获得更好的发展空间。

拐弯抹角或耐人寻味的提问方式虽然可以使人觉得你含蓄和温和，但它的反面代价也是巨大的。因此，不管你自认为多么谦逊，也请不要在会议上说“我的想法不成熟，只是提供大家参考一下”诸如此类的话，那会使公司上下的人在内心里给你打上不信任的分数。一个人的自信是非常有渗透力的，所以在你需要把自己的设想与观点摆在桌面上时，开门见山，少兜圈子会为你赢得主动权。

8. 让桌面永远保持干净

这可以说是最容易做到的一件事，但又是坚持下来最困难的一件事。桌面上杂乱的文件、记事本，电脑上厚厚的尘土，乱丢的签字笔，会让一切看上去毫无头绪，负面的情绪稍一累积，就会勾起惰性。办公室里总有些另类人，把一切都打理得井井有条，办公室内生机勃勃，有花有草有小鱼；桌面上永远一尘不染，连鼠标都闪闪发亮。他的高明之处在于：坐在如此整洁舒适的小小天地里，便会油然而生一种对工作的依恋之情。能把公司看成小家的人，一定特别愿意提早来上班，就先从给花草浇浇水、喂喂小鱼、清新整洁的环境开始一天的工作吧，这也是提高主动性的小窍门。

9. 三分钟之内结束私人电话

谁也不能避免在上班时间接听几个私人电话，但到底有多少人能控制自己在和朋友、家人沟通完正事后，不接着开始无边无际的闲聊呢?

一天的工作时间就那么长，学学那些为自己制定了规矩的职场先锋吧，比如，约定自己的私人电话时间绝不会超过3分钟。原因是私人的事情难免会影响你的情绪，不管是愉快的，还是不轻松的话题，都会让自己暂时脱离工作的状态。所以，在3分钟之内结束，避免自己被琐事干扰，对自己和工作都是一种负责的主动态度。

人生永远都有希望——用乐观主宰自己

不管你相不相信，一个人的工作效率与她的情绪有着直接的关系，好心情能让你在不知不觉中就完成一项工作。愉悦的心情还能激发你的创造力，让你灵感如泉涌，许多解决问题的奇思妙想都会在瞬间进入你的脑海，如此一来，你的工作质量和效率怎么能不提高？

愉悦的心情可以让你的内心倍感舒畅，工作压力也会随之大幅度的减轻。一个好心情的女人，她的脸上总是挂着笑容，她看起来总是无比的轻松，因为笑声把那些不顺心的事都冲淡了，能够经常保持好的心情，她的工作压力自然就小得多。

如果大家都能保持好心情，还能够直接改善工作场合的生产力与士气。事实证明，好心情似乎是用来对付压力的最好的方式之一。许多管理专家证实，工作时保持好的心情能够改善组织内的生产力与士气，而且拥有好心情的人通常在工作表现上胜过那些心情不好的人。

美国一家颇具影响的大学曾做过的一项调查显示，工作时间保持好的心情往往令人觉得愉快，而这种感觉直接反映到思考上，让人们更能想出有效率的解决方法，更机敏，也更敢于冒险。

心理专家同时提醒我们："如果你对于自己的处境都无法感到高兴的话，那么可以肯定，就算换个处境你也照样不会快乐。"换句话说，如果你现在对于自己所拥有的事物，自己所从事的工作，或是自己的定位都无法感到高兴的话，那么就算获得你想要的事物，你还是一样不快乐，一样不会有好的心情。

毋庸讳言，职场是一个充满竞争的地方，在处处都以成败论英雄的工作中，谁能自始至终陪伴你，鼓励你，帮助你呢?不是老板，不是同事，不是下属，也不是朋友，他们都不能做到这一点。惟有你自己才能激励自己更好地迎接每一次挑战。

总之，每天用好心情去迎接工作的挑战，以最佳的精神状态去发挥自己的才能，就能充分发掘自己的潜能。你的内心同时也会变化，变得越发有信心，别人也会越发认识你的价值。

尽管好心情不是可以直接消费财富，但它的价值要远远超过任何一种有形的财富。它会让你得到更多的成功机会，它会在不经意间改变你的命运。正如西方那句名言：“一个人的态度决定一个人的命运。”只要你愿意，你完全有能力在工作中保持愉快的心情；只要你愿意，你就会发现，成功原来并不遥远，幸福就在身边。

幸福女人的心灵处方

快乐不是别人给的，更不是天上掉下来的，快乐是要靠自己创造的。尤其在大多数人都容易焦虑的今天，让自己开心起来显得更是明智之举，下面我们就给大家介绍一些方法，通过这些方法，任何人都可以成为一个快乐的人。

1. 留住以往美好的片段

如果想让生活中处处充满快乐，我们建议你每天用相机拍下一些身边的有趣的人和事，如窗外的树木、路边的小花、邻居家的孩子和朋友的婚礼。将这些随时可能被遗忘的片段记录下来，当你不定期整理照片时，你会觉得所有的细节都是美好回忆，没什么可抱怨的，于是人会很容易变得快乐起来。

2. 学会反向思考

看一部令人伤感的电影，如《当男人爱上女人》，情难自禁时，不妨尽情地放声哭出来，然后安慰自己说，还好这只是电影情节，并不是真实的生活，心情便会大有改观。这是一种反向思考的方法，常运用在心理学中，帮助人们换角度思考问题。

3. 在周末的清晨做白日梦

不少能干的主妇，会从星期六一大早起床开始，马不停蹄地做家务活，如收拾屋子，清洗马桶等。这样的习惯常常会让人在星期六晚上疲惫不堪，并影响到星期日的睡眠。不妨暂时抛开那些琐碎的家务活，在周末的清晨做一个美美的白日梦。不要自责，而应鼓励自己说："我工作那么辛苦，挥霍一下自己的休息时间，无可厚非。"

4. 定期写邮件

和相识多年的朋友定期以邮件的形式保持联系。有写日记习惯的人，只是在纸上随手涂鸦或草草地写上几句，便能反映出潜意识中的心理状态，写邮件也是如此。而定期与朋友通邮件，聊聊最近的生活，不仅能帮助你放下心里的事情，还能帮助你拾起被淡漠的友情。

5. 在水边散步

有研究指出，因为在婴儿时期便置身于羊水，因此人与生俱来就是亲水的。在水边散步，能有效地帮助人放松身心，即使烦恼再多，在有绿树有流水的环境中，你也能暂时抛开一切，为自己"偷"得片刻悠闲。

6. 偶尔吃一顿大餐

吃一顿大餐的美妙在于，不仅能享受到美味可口的食物，还能让你感觉自己受到了特别礼遇。人在受到与别人不同的照顾时，心情会不知不觉地变好。我们在小时候都可能有类似这样的经历：当父母特意为你买了一只与其他孩子不一样的、漂亮的碗，你会高高兴兴地吃下比平时多的食物，即使不爱吃的食物也变得“可爱”起来。

7. 参加集体活动

虽然独处也是调节心情的方法之一，但是不要吝啬自己的休息时间，分出一部分给集体活动。登山、郊游、野餐、party、歌友会……鼓励自己积极参加集体活动，你会在共同的玩乐中找到让自己坚强、平和的力量。

8. 定期游泳

游泳是最消耗体力的运动之一，但这种让人精疲力竭的活动，能让人摆脱烦恼，身心舒展。选择一个人去游泳也不错，被水包围其中，再糟糕的心情也能被软化。

9. 一边开车，一边大声歌唱

心情不好时，打开车上的收音机，调到较大音量，跟着里面播放的旋律大声歌唱，完全不必在意别人投来异样的眼神。也许此时的你在别人眼中有点傻乎乎的，但这确实是一种让人快速释放心情的好方法。

10. 一边喝咖啡，一边读小说

挑一家出名的咖啡馆，带上一本近期最让你感兴趣的小说，选一个靠窗边的位置，坐下来点一杯咖啡，边喝边读……是的，这是电影里常常出现的“小资”镜头。但那又有什么关系，让自己体验一下电影中才有的浪漫镜头，你也会受到气氛的影响，得到真实的放松和享受。

11. 给朋友寄卡片

挑选10—15张别致的卡片，放在包中随身携带，在等公共汽车、排队结账、等人时，随手拿出一张写上只字片语，如“想念你”、“愿你的心情和今天的天气一样灿烂”、“一定要幸福哟”、“想起我们上大学的日子”等等，然后邮寄给你的朋友。当所有的卡片都被写完并邮寄出去后，一想到朋友们收到卡片时惊喜的表情，你会露出发自内心的迷人笑容。

12. 选择适当的时间，做一些你认为高兴的事

（1）在每个星期一的早晨，穿一身色彩亮丽、明快的衣服。

（2）一边打电话，一边信手涂鸦。

（3）偶尔吃一份最昂贵的蛋糕或巧克力，并保存价签和包装盒。

（4）一边洗澡，一边唱歌。

（5）每天对着镜子努力地笑一下。如果发现自己的表情很难看，那一定后情不自禁地笑出来，心情马上就会好一点。

最后请大家相信：快乐是完全可以创造的，从今天起，让自己做个快乐的人吧！

懂得感恩的女人最美丽

感恩是一种高尚的情感。感恩不仅仅限于一种表面化的感谢或报恩，而是一种对生活意义与价值的深层次反省、理解和感悟。感恩是一种敏感的、积极的生活感受。当我们陷于紧张、忙碌、浮躁的工作与生活之中时，我们会一步步地走向麻木。感受生活，记录幸福的一点一滴也是一种感激。当我们学会了感激，我们就懂得了生活。

从爱家人开始，学会感激别人。怀着一颗感恩的心，在家里孝敬父母，理解爱人，关爱子女，在爱的包围中女人会觉得十分幸福和满足。在工作单位和社会上，与同事、朋友相处融洽，和他们一起分享快乐、分担忧愁，这样心中才会永远轻松快乐。

学会为所得到的感恩，也接纳失去的事实，不管人生的得与失，总是要让自己的生命充满亮丽与光彩，不再为过去掉泪，努力地活出自己的精彩。我们应把别人对自己的伤害写在沙滩上，伤害就会随着沙滩上字迹的消失而忘得一干二净，应把别人对自己的帮助刻在石板上而永远铭记在心。

心理专家认为，目前社会思潮中过于关注自我，在成功、成名的价值观下，人们认为成功是个人奋斗的结果，与他人无关，人和人之间是互利的，只是一种交换关系。著名经济学家张维迎说过："中国最缺的不是煤、钢铁，而是信任。"流传于商界的所谓"名言"，"动什么别动感情"、"莫斯科不相信眼泪"，在这种不信任的环境下产生的社会问题，最终要自己买单。

当我们清楚地意识到无任何权力要求别人让人时，就会对周围的点滴关怀或任何工作机遇都怀有强烈的感恩之情。因为要竭力回到这个美好的世界，我们会竭力做好手中的工作，努力与周围的人快乐相处。结果，我们不仅心情会更加愉快，所获帮助也会更多，工作也会更出色。

感恩之心使我们为自己的过错或罪行发自内心忏悔并主动接受应有的惩罚；感恩之心又足以稀释我们心中狭隘的积怨和愤恨；感恩之心还可以帮助我们度过最大的痛苦和灾难。常怀感恩之心，我们也会逐渐原谅那些曾和你有过结怨甚至触及你心灵痛处的那些人；常怀感恩之心，我们便能够生活在一个感恩的世界里；常怀感恩之心，我们便会更加感激和怀想那些有恩于我们却不言回报的每一个人，正是因为他们的存在，我们才有了今天的幸福和喜悦；常怀感恩之心，便会以给予别人更多的帮助和鼓励为最大的快乐；常怀感恩之心，便能对落难或是绝处求生的人们爱心融融地伸出援助之手，而不求回报；常怀感恩之心，对别人就会少一份挑剔，而多一份欣赏！

幸福女人的心灵处方

（1）热爱生命。生活在感恩心态中的人，总会珍惜生命，而不是任意糟蹋自己和他人的生命。

（2）对他人的付出，理解、认可和珍惜。只有认识到他人劳动与付出的价值和意义，才能够学会感恩。

（3）心怀一种宽容、满足、健康的心态。感恩，来自于对人对事的宽容和理解，来自于一种回报他人和社会的良好心态。心态决定一切。拥有一颗感恩之心的女人，会有一种心理上的满足，宽容大度，对小事不会斤斤计较，因此，也是一个幸福的女人。